Bodo Becker

Oranienburg

Historische Vielfalt

Dieses Buch widme ich meinen Enkeln
Felice-Lina und Lias.

Zum Andenken an den verdienstvollen Heimatforscher Max Rehberg
(1882–1945)

Bodo Becker

Oranienburg

Historische Vielfalt

hendrik **Bäßler** verlag · berlin

Bildnachweis:
Archiv der ev. Kirchengemeinde Oranienburg, Oranienburg, S. 50, 101, 103, 104 unten
Archiv der Gemeinnützigen Obstbau-Siedlung eG Eden, Oranienburg-Eden, S. 117, 122, 127f., 129–31, 132
Hendrik Bäßler, Berlin Coverabbildung, S. 8, 21 oben, 32, 46 unten, 59 mitte, 99 links, 123, 139, 154 rechts, 168
Brandenburgisches Landeshauptarchiv, Potsdam, S. 30
Kreismuseum Oberhavel, Oranienburg, S. 10, 12 unten, 13, 16 unten, 19, 28, 29 unten, 31, 33 unten, 39, 40f., 42, 48, 52, 54 links, 56, 66 unten, 70 rechts, 73 oben, 76 oben, 79, 80f., 82f., 87, 96, 110, 142
Ofen- und Keramikmuseum Velten, Velten, S. 95
Stadtarchiv Oranienburg, S. 113 oben
Friedrich Wolff, Berlin, S. 118, 119

Alle anderen Abbildungen stammen aus dem Archiv des Verfassers.

Der Verfasser dankt Frau Viola Gottschalk (Kreisarchiv Oberhavel), Frau Manuela Vehma (Kreismuseum Oberhavel), Herrn Christian Becker (Stadtarchiv Oranienburg) und Herrn Rainer Gödde (Eden-Archiv) für die kenntnisreiche Unterstützung.

Die Deutsche Nationalbibliothek – CIP Einheitsaufnahme
Die Deutsche Nationalbibliothek verzeichnet diese Publikation in der Deutschen Nationalbibliografie; detaillierte bibliografische Daten sind im Internet unter http://dnb.d-nb.de abrufbar.

Fon: 030.24085856 · Fax: 030.2492653
E-Mail: info@baesslerverlag.de · Internet: www.baesslerverlag.de
1. Auflage 2019

Satz und Umschlaggestaltung: Hendrik Bäßler, Berlin
Druck und Verarbeitung: UAB „Standartu spaustuve“ · Vilnius

ISBN 978-3-945880-28-9

Inhalt

Vorwort

Liebe Leserinnen und Leser,
wer sich auf die Zukunft einlassen, sie annehmen und sogar gestalten möchte, der ist gut beraten, auch den scharfen und kritischen Blick in die Vergangenheit nicht zu verlieren. Erinnerung malt mit goldenen Pinseln und nicht selten widersprechen sich verschiedene Zeitzeugen und Dokumente. Wer Geschichte sorgfältige aufarbeitet, geht deswegen sehr vorsichtig mit dem gewichtigen Begriff „Wahrheit“ um.

Trotzdem und umso mehr lohnt sich die Auseinandersetzung mit der eigenen Geschichte ganz besonders. Gut, wenn man in der Lage ist, aus vergangenen Fehlern zu lernen, um sie nicht noch einmal machen zu müssen. Wie spannend ist es auch, die Vorbilder unserer Stadt kennenzulernen, die sie geprägt haben und wenn man genauer hinschaut, noch bis heute prägen? Und wie wichtig ist die Auseinandersetzung damit, was Oranienburg ausmacht, was es lebenswert macht und was es bedroht, in der Vergangenheit genauso wie in unseren Tagen.

Geschichte ist kein Selbstzweck, sondern gibt uns Hinweise für unser eigenes Wirken. Bodo Becker ist nicht nur einer der belesensten Ortschronisten unserer Stadt, er beherrscht auch die Kunst Lokalgeschichte anschaulich und kurzweilig zu vermitteln. Ich möchte Sie also einladen, Oranienburg mit ganz anderen Augen neu zu entdecken und wünsche Ihnen viel Spaß beim Lesen.

Alexander Laesicke
Bürgermeister der Stadt Oranienburg

Über den Schlossplatz zu Oranienburg

Wer stand noch nicht als Besucher einer Stadt auf dem Marktplatz und schaute bewundernd auf die dort stehenden historischen Bauwerke. Das Rathaus, prächtige Patrizierhäuser, vielleicht noch ein Residenzschloss und die Kirche geben solchen Plätzen ein betrachtenswertes Gepräge. Man merkt es im günstigsten Fall sofort – hier befindet sich die gute Stube der Stadt. Zumindest bis in die 1950er Jahre hinein besaß Oranienburg mit den Gebäuden

Blick von der Schlossbrücke, 2018

am Schlossplatz, der Breiten Straße, der Kirche und dem Waisenhaus einen harmonisch gewachsenen Stadtkern. Heute braucht der Betrachter schon viel Fantasie, sich den Schlossplatz als geplantes Architekturensemble vorzustellen. Besonderes Augenmerk wollen wir darum auf diejenigen Bauten legen, über deren Aussehen man heute nur noch aus Bildern oder schriftlichen Quellen erfahren kann. Erleichtert wird diese Vorgehensweise durch den Umstand, dass alle Persönlichkeiten, die sich mit Oranienburg in den letzten hundertfünfzig Jahren beschäftigten, immer auch ausführlich auf die Anlage des Schlossplatzes und seiner Baulichkeiten eingingen.

Von der Grenzburg zum Jagdschloss

Mit der Inbesitznahme des Havellandes durch Markgraf Albrecht der Bär (um 1100–1170) im Jahr 1150 setzte die Kolonisation durch deutsche Siedler ein.

Schloss und Lustgarten Oranienburg, 1652. Kupferstich aus „Topografia Electoratus Brandenburgici et Ducatus Pommeraniae. Aus: Friedrich Siegmar: Kurfürstliche Schlösser in der Mark Brandenburg. – Berlin, 1889

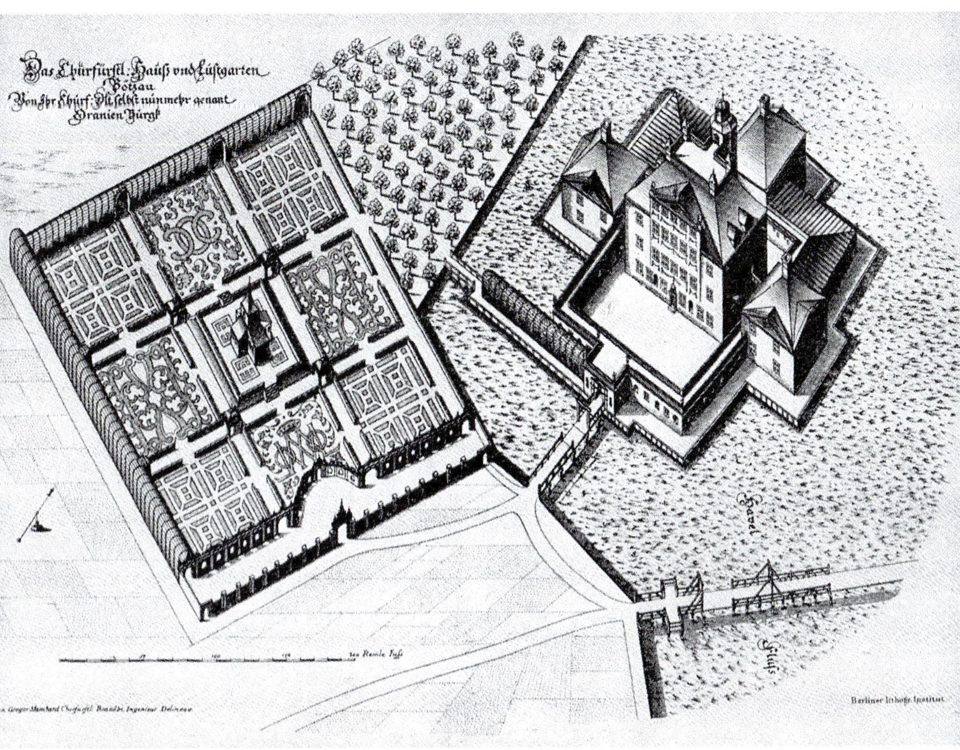

Bis zum Ende des 12. Jahrhunderts konnte der westliche Teil des Havellandes bis zur Havel dauerhaft gesichert werden. Dagegen befand sich das Barnimland östlich der Havel noch im Besitz der pommerschen Fürsten. Die Havel mit ihren sumpfigen Niederungen und Dünenflächen stellt ein natürliches Grenzhindernis dar. Havelübergänge besaßen somit strategische Bedeutung für Angriffe und Verteidigung. Für seine Besitzsicherung ließ der Enkel von Albrecht, Otto II. (1184–1205), Burgen errichten. Solche Burgen waren Spandau und Bötzow (Oranienburg). Während Spandau schon 1197 urkundlich

Stadtsiegel Bötzow, 1618

Modell des mittelalterlichen Bötzow. Im Kreismuseum Oberhavel

erwähnt wird, tritt die Burg Bothzowe erst in einer Urkunde des Bischofs Siegfried II. von Brandenburg (gest. 1220) vom 28. Dezember 1216 namentlich in Erscheinung. Die Grenzburg lag im Haveltal zwischen dem Glin und dem Barnim, wo sie einen Havelübergang sichern sollte.

Der heutige Standort des Schlosses ist ungefähr identisch mit der Lage der Burg, die mit einem Burggraben zum Platz hin zusätzlich gesichert war. Gebetene oder ungebetene Gäste fanden nur über eine Zugbrücke Einlass. Kurfürst Joachim II. (1505–1571) ließ um 1550 die alte Burganlage abreißen und dafür ein Jagdschloss errichten. Die Stadt Bötzow bestand im 16. Jahrhundert nur aus einfachen Holzhäusern.

Eine Kurfürstin als Bauherrin der „Oranienbourg"

Erst in der zweiten Hälfte des 17. Jahrhunderts begann die bauliche Gestaltung des Platzes vor dem Schloss, die der mittelalterlichen Burgsiedlung ein bescheidenes städtisches Aussehen gab. Kurfürstin Louise Henriette von Nassau-Oranien (1627–1667) hatte 1650 von ihrem Gatten, Kurfürst Friedrich Wilhelm (gen. der Große Kurfürst, 1620–1688), das Jagdschloss und das dazugehörige Amt Bötzow

Kurfürstin Louise Henriette von Brandenburg (links) und Kurfürst Friedrich Wilhelm von Brandenburg. Aus: Friedrich, Siegmar: Kurfürstliche Schlösser in der Mark Brandenburg. – Berlin, 1889

„als Geschenk auf Lebenszeit" bekommen. Kein geringerer als Theodor Fontane hat dies in den „Wanderungen durch die Mark Brandenburg" mit seiner unverwechselbaren Poesie beschrieben. Einer der Jagdausflüge *„führte das junge Paar im Laufe des Sommers 1650 auch in die Nähe von Bötzow, und hier war es, wo die junge Fürstin beim Anblick der lachenden Wiesen, die den Lauf der Havel einfassten, sich lebhaft in die fruchtbaren Niederungen ihrer holländischen Heimat zurückversetzt fühlte und der Freude darüber den unverkennbarsten Ausdruck gab. Kurfürst Friedrich Wilhelm, dessen Herz voller Liebe und Verehrung gegen die schöne, an Gaben des Geistes und Gemütes gleich ausgezeichneten Frau war, ergriff mit Eifer die Gelegenheit, ihr ein erneutes Zeichen seiner Liebe zu geben und schenkte ihr das Amt Bötzow mit allen dazugehöri-*

gen Dörfern und Mühlen, Triften und Weiden, Seen und Teichen.“

Otto Reichsfreiherr von Schwerin. Abguss einer Büste aus der früheren Siegesallee in Berlin. Aufgestellt am Blumenthalschen Haus im April 2009

Das alte Schloss wurde zu großen Teilen abgerissen und von 1651 bis 1663 durch einen Um- und Neubau unter der Leitung des in den Niederlanden ausgebildeten Baumeisters Johann Gregor Memhardt (1607–1678) ersetzt. Nach den verheerenden Folgen des Dreißigjährigen Krieges (1618–1648) zielte das Wirken der jungen Kurfürstin jedoch auch darauf ab, Amt und Stadt nach dem Vorbild ihrer niederländischen Heimat wirtschaftlich zu entwickeln. Dazu gehörte eine gut funktionierende Amtsverwaltung mit den erforderlichen Einrichtungen. Die errichteten Bauten entsprachen in Ausführung und Anlage den städtebaulichen Vorstellungen der absolutistischen Herrschafts- und Verwaltungspraxis jener Zeit. Dabei hatte Memhardt sicher auch hier entscheidenden Einfluss auf die Planungen genommen. Am 21. November 1651 tauschte der Kurfürst die dem Schloss gegenüber liegende Bürgerstelle des Heidereiters Christoph Gerlach ein, um dort ein Jagdzeughaus zu errichten. Der Heidereiter, später mit dem Titel Landjäger versehen, verwaltete die im Amt gelegenen Forsten. Das um 1653 errichtete Jagdzeughaus (auch Jägerhaus oder Jägerhof genannt) beherbergte unter anderem die Diensträume des Landjägers. Sowohl der Grundriss des Hauses, seine äußere Gestaltung als auch die Innenarchitektur lassen niederländische Vorbilder erkennen. Daher vermutet man neben dem Wirken des Hofmaurers Hans Perger (bestallt am 7. Mai 1657) die architektonische Konzeption vom Schlossarchitekten selbst. Zentrum des Hauses war eine um zwei hölzerne Halbsäulen geführte zweiläufige Wendeltreppe, die vom Keller bis zum Dachgeschoss führte. Der dadurch geschaffene hohe Raum mit der beherrschenden Wendeltreppe sollte den öffentlichen Charakter des Hauses betonen. Beim Neubau der Berliner Straße 2004 in diesem Bereich haben die baubegleitenden Archäologen gewaltige Sandsteinbrocken als Fundamente des Jagdzeughauses und des nachfolgenden Rathauses freigelegt. Sie reichen bis unter den heutigen Fußgängerweg, das bedeutet die Berliner Straße muss ursprünglich viel schmaler ge-

Stadtsiegel Oranienburg, 1653

Wasserturm, Amtshaus, Neuer Marstall und Rathaus. Um 1795. Aquarell eines unbekannten Künstlers

wesen sein. Carl Friedrich Ballhorn (1793–1871) berief sich in seiner 1850 erschienen Stadtgeschichte auf ein Verzeichnis der vorhandenen oder im Bau befindlichen Verwaltungsgebäude des Amtes Oranienburg (seit 1653) aus dem Jahr 1657. Danach stand rechts neben dem Jagdzeughaus, auf der anderen Seite an der Breiten Straße 1, das Amtshauptmannshaus. Der adelige Amtshauptmann besaß die administrative, richterliche und militärische Gewalt im Amtsbezirk. Mit Otto Reichsfreiherr von Schwerin (1616–1679) besaß die Kurfürstin eine herausragende Persönlichkeit aus dem Hofstaat des Kurfürsten als Amtshauptmann. Seit 1645 war von Schwerin Mitglied des Geheimen Rats und einer der engsten Vertrauten des Kurfürsten. Im April 1651 legten die ernannten Beamten, Zöllner und Amtsschreiber in von Schwerins Hand den Huldigungseid auf die neue Herrin ab. Bis 1654 stand von Schwerin an der Spitze der Verwaltung des Amtsbezirks; er konnte seine Aufgaben also nicht im Amtshauptmannshaus ausüben.

Ihm folgten bis 1710 noch vier weitere Amtsträger. 1658 wurde von Schwerin Oberpräsident des Geheimen Rats und hatte damit nach dem Kurfürsten die höchste Stellung in der Regierung inne. Als Hofmeister war er außerdem seit 1662 für die Erziehung des Kronprinzen Karl Emil (1655–1674) und dessen Bruder Friedrich, dem späteren Kurfürsten Friedrich III.

St. Nikolaikirche, erbaut 1658–63. Federzeichnung von Max Rehberg. Aus: Redmer, Max: Geschichte der St. Nicolaikirche in Oranienburg. – Oranienburg, 1994

(1657–1713) verantwortlich. Welche Wertschätzung die kurfürstliche Familie Otto von Schwerin entgegen brachte, erkennt man auch darin, dass seine Person auf dem allegorischen Gemälde (um 1655) über die Gründung Oranienburgs des niederländischen Malers Willem van Honthorst linker Hand vom Großen Kurfürsten dargestellt wird.

Östlich vom Jagdzeughaus, wo heute die Berliner Straße in dem Schlossplatz einmündet, hatte die Kurfürstin das Amtshaus für die Verwaltung der Wirtschaften errichten lassen. Es war auch Sitz des Hofgerichtes. Gehen wir nun gedanklich weiter in Richtung Havel, so schloss sich der Marstall an. Er wurde 1665 an der Stelle des alten Marstalls errichtet. Sein Neubau war zugleich Ausdruck der Anerkennung von Seiten der Kurfürstin gegenüber der Stadt Oranienburg als Residenz. Im Marstall standen die zum Hofstaat gehörenden Pferde und Wagen. Unmittelbar anschließend daran lag das Haus eines bereits im Mittelalter bekannten Hofbeamten – das von 1657 bis 1659 erbaute Marschallhaus. Der Marschall stand an der Spitze der Bediensteten für den Marstall. Ihm kam als Stallmeister große Bedeutung und Ansehen zu. Den Abschluss zur Havel hin bildeten die 1651 eingetauschten Besitzungen des Heidereiters Gerlach. Ebenfalls am Schlossplatz gelegen, den zuletzt beschriebenen Gebäuden jedoch gegenüber, in Nähe der Zugbrücke über die Havel, entstand 1665 eine Hauptwache. Damit fanden die städtebaulichen Aktivitäten der Kurfürstin im Bereich des Schlossplatzes ihren Abschluss. Neben der Kirche (erbaut 1658–1663), dem Waisenhaus (Fertigstellung 1665, nach dem Stadtbrand von 1671 wieder errichtet) und dem Schloss gehörten die aufgeführten Baulichkeiten zu den wenigen Steinbauten Oranienburgs. Sie prägten zugleich den Charakter als Amts- und Residenzstadt. Nach dem Tod der noch jungen Kurfürstin kamen die Bauvorgänge am Schlossplatz zunächst zum Erliegen.

Abzeichen der Waisenhauskinder: „Churfürstin Louise“. Aus: Louise, Kurfürstin von Brandenburg. Nachdruck. – Kreismuseum Oberhavel

Kurfürst Friedrich III. setzt das Werk fort

Erst Louises 1688 nachfolgender Sohn, Kurfürst Friedrich III., schenkte Oranienburg wieder größere

Beachtung. Fast während seiner gesamten Regierungszeit (ab 1701 als Friedrich I., König in Preußen) ließ er das Schloss zu einer der schönsten barocken Residenzen in der Mark Brandenburg um- und ausbauen. Die Liebe zu seiner Mutter verewigte der Kurfürst 1690 mit der bekannten lateinischen Inschrift am Mittelbau des Schlosses: „Dies von Louise, der Prinzessin von Oranien, der besten Mutter erbaute und durch den Namen ihres Geschlechts ausgezeichnete Schloss hat der Kurfürst Friedrich III. zum Gedächtnis der sehr frommen Mutter erweitert, geschmückt, vermehrt 1690“.

Rückseite des Marstalls von 1699. Aus: 700 Jahre Oranienburg. Festschrift. – Oranienburg, 1932

Doch wenden wir uns wieder dem Baugeschehen am Schlossplatz zu. Es wurde nachhaltig bestimmt von der baulichen Ausrichtung der Stadtanlage zum Grundriss des Schlosses. Entgegen kam dieser städtebaulichen Konzeption die Zerstörung von Wohnhäusern und Stallanlagen auf der östlichen Seite der Breiten Straße durch einen Brand am 20. August 1688. Der Marstall, das Amtshaus und das Jagdzeughaus waren ebenfalls in Gefahr geraten. Zunächst ließ der Kurfürst bis 1699 die Berliner Straße bauen, um auf kürzestem Weg (bis dahin über Lehnitz) von seiner Oranienburger Residenz nach Berlin zu gelangen. In der Vergangenheit wurde die Berliner Straße daher auch Königs- und Friedrichstraße genannt. Die östliche Häuserzeile der Berliner Straße endete zum Schlossplatz hin mit dem 1699 gebauten Neuen Marstall. Bis zu 40 Pferde mit den dazugehörigen Wagen konnte der Neubau fassen. Der langgestreckte, zweigeschossige Fachwerkbau fand seinen architektonischen Abschluss am Schlossplatz, der mit dem Jagdzeughaus, nur unterbrochen durch die Berliner Straße, nun auf einer Höhe stand. Das obere Stockwerk enthielt zusätzlich Wohnungen. Zum Platz hin war der Giebel des mit roten Ziegeln eingedeckten Satteldaches abgewalmt.

Nachdem das Amtshauptmannshaus 1699 durch ein Schadensfeuer stark beschädigt worden war, ließ der Kurfürst es für seinen Amtshauptmann Johann Kasimir Kolbe Graf von Wartenberg (seit 1690 bis 1710) sanieren und architektonisch vervollkommnen. Das bestätigen auch Ausgrabungen von Archäologen, die hier noch Überreste von zwei Häusern fanden. Nach Vermutungen der Wissenschaftler entstanden Teile des bestehenden barocken

Das Amtshauptmannshaus von der Straßenseite heute (oben) und mit dem Risalit, um 1935

Amtshauptmannshauses um 1700. Es ist das letzte repräsentative Amtsgebäude am Schlossplatz, das wir noch heute bewundern können. Von der Straßenseite sieht man eine fünfachsige, zweigeschossige Fassade, die im Erdgeschoss mit Streifenquaderung im Putz verziert ist. Die schmalen rechteckigen Fenster lassen noch die niederländischen Einflüsse erkennen.

Ästhetisch bemerkenswert ist die Neufassung der siebenachsigen Fassadengliederung an der Rückseite des Hauses. Ganz im Geschmack der Barockarchitektur wurden hier die drei mittleren Achsen als auf ganzer Höhe hervorspringender Gebäudeteil (ein sogenannter Risalit) errichtet. Die Fassade korrespondierte so mit der barocken Gartenkunst des Hausgartens und dem sich anschließenden Lustgarten des Schlosses, der schon von Louise Henriette angelegt worden war.

Für den Bau der Berliner Straße hatte das kurfürstliche Amtshaus weichen müssen. 1702 kaufte Friedrich I. von den Erben des Heidereiters Gerlach das an der Havel liegende Haus nebst zwei Gärten. Hier und auf dem Gelände des Marschallhauses wurde 1704 das neue Amtshaus im Stile eines großen Bürgerhauses fertig gestellt. Das Haus stand mit seiner breiten Fensterfront zum Schlossplatz gewandt und besaß ein abgewalmtes Mansardendach. Über zweihundert Jahre später beschrieb Adolf Behne das Gebäude (damals 1. Gemeindeschule) in einer kleinen Schrift über Oranienburg (1917): *„Es liegt hinter den ruhigen Bäumen abseits der Straßen halb am Wasser. Die Front blickt von fern auf den großen Platz. Zwei lange Flügel gehen nach hinten. Zweistöckig wie das Ganze, mit einer Ziegelmansarde, hauptsächlich durch die schlanken, geraden Stämme der Linden des Platzes gegliedert, hat die Front fein und rein die Haltung eines öffentlichen Baues. Ein betontes Hauptgesims mit Andeutungen von dorischen Balkennägeln, ein knappes Profil um die Fenster und ein Portal, das von zwei geschmeidigen Konsolen einen gut sitzenden und schmückenden Abschluss tragen lässt. Die gemauerte primitive Vortreppe mit einem schmalen eisernen Gitter, die gänzlich einfache Tür sorgen dafür, dass diese Steigerung auf keinen Fall zu reichlich werde. Nicht im Geringsten versucht das Schulhaus, sich in die Sphäre des Schlosses vorzuschieben. Die größte Überraschung aber bietet das Schulhaus im Innern. Die schöne, klare, lichte Weiträumigkeit ist ganz köstlich, gleicherweise im Treppenflur des Erdgeschosses wie in dem geradezu herrlichen Treppenhausabsatz des Obergeschosses, der ein ganz edles klingendes Gut ist!“*

In der Nähe des neuen Amtshauses, unmittelbar an der Havel gelegen, entstand ein technisches Bauwerk, das die Stadtsilhouette gegenüber dem Schloss mitprägte. Durch Johann Friedrich Eosander (Hofbaumeister, 1670–1729) ließ Friedrich I. eine Erweiterung und Ausgestaltung des Lustgartens vornehmen, was auch eine Erneuerung der Anlagen für die Wasserspiele erforderlich machte. 1702 wurden deshalb die hölzernen Wasserrohre gegen eiserne ausgetauscht. Für den benötigten Wasserdruck errichtete Eosander einen massiven Wasserturm. 1707 schrieb der Baumeister, dass er für den Turmbau eine Ramme erfunden hätte, die die Kraft der Havel ausnutzte und nur drei statt 40 Arbeitskräfte benö-

Freigelegtes Pfahlfundament und Mauerreste des Wasserturms

tigte. Vom 25 Meter hohen Turm liefen unter dem Schlossplatz drei Hauptleitungen entlang. Das Jahr 1823 brachte die Zerstörung des prächtigen Wasserturmes.

Das Rathaus am Schlossplatz

Grundlegende Veränderungen in Aussehen und Funktion erfuhr das Jagdzeughaus. 1695 war es die

Das frühere Rathaus auf dem Schlossplatz, hier Restaurant und Hotel Eilers mit Blick in die Berliner Straße

Wohnung des reformierten Hofpredigers geworden. Die Stadt brachte es 1709 durch Tausch gegen ein Grundstück an der Pfarrkirche in ihren Besitz. Mit dem Verkauf von Holz finanzierte sie den Umbau des Hauses zum städtischen Rathaus. Dabei erhielt es eine neue Fassade, die bis in die 1950er Jahre erhalten geblieben war. Der Bau war im Jahre 1711 beendet, so dass am 6. Juli der Magistrat seine erste Sitzung im nunmehr prächtigen Rathaus abhalten konnte. Im Verlauf der letzten Restaurierung – in der zweiten Hälfte der 1950er Jahre – entdeckte man die ursprüngliche Putzfarbe. Es war ein helles Ziegelrot, durch das man den Eindruck holländischer Backsteinbauten erreichen wollte. 2004 fanden die Archäologen noch eine Vielzahl der leuchtend roten Ziegelsteine in der Erde. Der Architektur des holländischen Klassizismus entsprach auch die vertikale

Mittelbetonung der Fassade und des Mansardendaches, wie sie durch die profilierte hölzerne Umrahmung des Portals, den Uhrenturm mit Schweifhaube und einer Wetterfahne mit dem Fischsymbol aus dem Oranienburger Wappen hervorgerufen wurde. Dieser Dachreiter zeigte die Verwandtschaft zu den märkischen Barockrathäusern von Prenzlau, Templin und Lychen. Die architektonische Anlehnung an das Amtshaus war unübersehbar. Das Hauptgesims mit Balkennägeln, die Fensterprofile,

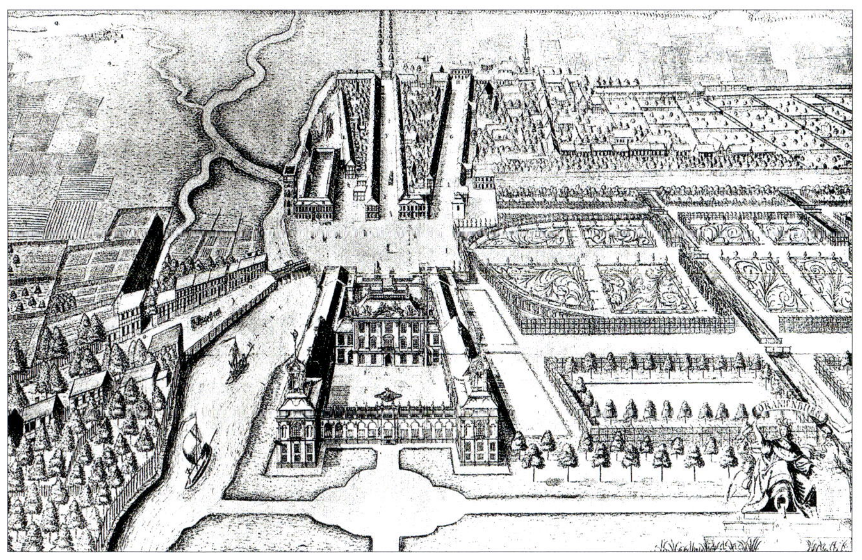

Barockes Stadtbild in einer Zeichnung von Daniel Petzold von 1711

das Portal und auch das gewalmte Mansardendach zeigten weitgehende Ähnlichkeit. Erst im Jahr 1789 erhielt der Rathausturm seine Uhr.

Nur das obere Stockwerk nutzte der Magistrat für seine Zusammenkünfte. In der ersten Etage des Hauses befand sich der Ratskeller, der vom Ratspächter bewirtschaftet wurde. Er besaß in Oranienburg das Monopol für den Bier- und Weinausschank. Natürlich war auch der Schlossplatz selbst Stätte des alltäglichen und festlichen Geschehens der Stadt. Dazu gehörte der Wagenverkehr, denn immerhin führten seit dem Ende des 17. Jahrhunderts zwei wichtige Straßen über ihn hinweg. Er war aber auch Handelsplatz. Bereits 1697 hatte der damalige Kurfürst Friedrich III. dem Magistrat Privilegien zum Abhalten von Märkten verliehen. Das Anlegen von „Fleisch- und Brotbänken“ sowie „Krambuden“ erlaubten königliche Privilegien aus dem Jahr 1716. Bis zur Mitte des 19. Jahrhunderts hieß er im Volksmund darum Marktplatz. Heute kann man sich buntes Markttreiben auf dem Schlossplatz vor dem ehemaligen Rathaus nur noch schwer vorstellen.

Höfische Feste und Niedergang

Kurfürst Friedrich III. in der Pose eines römischen Imperators. Aufstellung im Oranienburger Schloss anlässlich des Oranier-Jahres 1999

Der Glanz barocker Hoffeste absolutistischer Herrschaft entfaltete sich im Schloss und auf dem Schlossplatz anlässlich der Krönung und des Einzugs des ersten Preußenkönigs. Wenige Tage nach der Rückkehr aus Königsberg am 21. März 1701, kam König Friedrich I. in seine kleine Residenz Oranienburg, die dem Monarchen einen festlichen Einzug darbrachte. Schon die Krönung selbst hatten das Schlosspersonal und die Bürgerschaft mit einem Gottesdienst, einer Parade und einer Beleuchtung von Schloss und Amtsgebäuden festlich begangen. Als Vorfeier des Einzugs fand am 19. März die erste Einweihung eines Standbildes unter dem Läuten der Kirchenglocken sowie dreimaligen Geschütz- und Gewehrsalven auf dem Schlossplatz statt. Die vom flandrischen Bildhauer Gabriel de Grupello (1644–1730) im Jahre 1692 aus weißem Marmor überlebensgroße gefertigte Figur stellte den nunmehrigen König noch als Kurfürst dar. Im Verlauf seines Einzugs schritt der König durch drei Ehrenpforten bis zum Denkmal auf dem Schlossplatz. Große Porzellanpyramiden sollten den besonderen Reichtum des Schlosses aufzeigen, aus deren Beständen sich die Festdekorateure bedient hatten.

Die nachfolgenden Jahrzehnte brachten für den Schlossplatz keine bemerkenswerten Veränderungen. Ballhorn kennzeichnete Oranienburg in seiner Stadtgeschichte wie folgt: *„Doch die ganze Beschaffenheit der Stadt war ja noch der Art, dass nur der Schlossplatz, die Breite- und Berliner Straße ein einigermaßen städtisches Ansehen hatten. Noch im Jahre 1722 gab es vierzehn mit Eichenspänen gedeckte Häuser und viele mit Rohr und Stroh gedeckte Ställe und Scheunen in der Stadt.“* Erst Prinz August Wilhelm (1722–1758), der Bruder von König Friedrich II. (1712–1786) und neuer Besitzer des Schlosses, wandte sich ab 1742 wieder Oranienburg zu. Er ließ unter anderem das Schloss renovieren und seine Privaträume im Stil des Rokoko umgestalten. Große Aufmerksamkeit widmete er dem verwilderten Lustgarten, wo er neben anderen Gebäuden auch die Orangerie errichten ließ. „Um diese Zeit muss der Schlossplatz ein architektonisch geradezu hervorragendes Bild geboten haben“ schreibt Max Rehberg 1934.

Die Orangerie im Schlosspark, 2018

Für unser Thema bietet erst der Beginn des 19. Jahrhunderts bemerkenswerte Vorgänge im Bereich des Schlossplatzes. In der Nacht vom 26. zum 27. Juli 1810 stand der Sarg mit dem Leichnam der Königin Luise (1776–1810, Gattin von Friedrich Wilhelm III.) in einem mit schwarzem Tuch verkleideten Bretterhaus auf dem Schlossplatz. Nur drei Jahre später, während der Befreiungskriege, rückte der Schlossplatz in das Zentrum militärischer Ereignisse. Am 7. August 1813 traf das Hauptquartier des schwedischen Kronprinzen Jean-Baptiste Bernadotte (1763–1844, ab 1818 als Karl XIV. Johann schwedischer König), Führer der preußischen Nordarmee, in Oranienburg ein. Bernadotte selbst nahm sein Quartier im Amtshaus. Hier fand auch der berühmte Kriegsrat mit führenden Generälen statt.

Fassadenbild: Königin Luise von Preußen

Das Schloss mit der Friedenseiche (links) und Linden, vor 1918

In den folgenden Jahren nahm die Stadt Baumanpflanzungen vor, die den Platz zum Teil bis heute umgrenzen. Vor dem Schloss wurden 1815 vier Linden gepflanzt. Ebenfalls vier Linden (heute nur noch drei) standen im Viereck rechts neben dem Hofgärtnerhaus (Blumenthalsches Haus). Sie kennzeichnen den Aufbahrungsplatz der Königin Luise. Zur Feier des Sieges über die napoleonischen Truppen in der Völkerschlacht bei Leipzig 1813 setzte die Bürgerschaft am 18. Oktober 1818 eine Friedenseiche auf die östliche Hälfte des Platzes in Höhe des Marstallgebäudes. Vermutlich zur gleichen Zeit legte man dahinter auf dem Terrain vor dem Amtshaus einen heute leider nicht mehr vorhandenen Lindenhain an. Damit hatte der Schlossplatz zu den Gebäuden seinen charakteristischen Baumbestand erhalten.

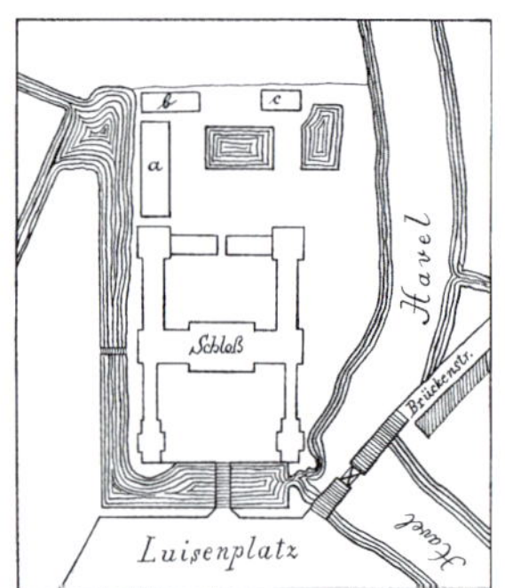

Anbauten (a–c) für die Chemische Fabrik, 1821. Skizze von M. Rehberg

Wirtschaftlich war die Zeit in Preußen von der beginnenden Industrialisierung geprägt. Das Schloss erwarb schon 1802 ein Unternehmer und beherbergte darin nacheinander eine Textilmanufaktur und eine chemische Fabrik. Im Herbst 1832 wurde das Domänenamt Oranienburg aufgelöst. Das preußische Finanzministerium verkaufte 1833 die früheren Amtsgebäude an die Stadt. Einen Teil der Gebäude veräußerte der Magistrat weiter. Zugleich waren die aufgezeigten Eigentums- und Funktionsveränderungen der Gebäude Vorboten einer neuen Epoche in der Geschichte des Schlossplatzes. Bis auf das Schloss kamen im Verlauf des 19. Jahrhunderts alle ehemals zum Amt gehörenden Gebäude in den Besitz der Stadt. Dabei blieb der Platz selbst Eigentum des preußischen Staates – ein Umstand, der hundert Jahre später noch Grund für Probleme geben sollte.

Schulen, Fabriken und Unternehmer

Der Magistrat nutzte die Übernahme des großen Amtshauses im Jahr 1833 für die Lösung des Schulproblems. Zwar sank 1808 die Schülerzahl von 209 im Winter auf 95 im Sommer (ein Indiz für landwirtschaftliche Kinderarbeit), aber steigende Einwohnerzahlen und die Durchsetzung der allgemeinen Schulpflicht nach 1830 machten die Einrichtung einer größeren Schule dringend notwendig. Am 1. Oktober 1834 öffneten sich die Türen des neuen Schulhauses, der späteren 1. Gemeindeschule, für den Unterricht. Zu diesem Zeitpunkt besaß die Schule acht Klassenräume, fünf (!) Lehrerwohnungen und eine Wohnung für den Schuldiener. Bis zu ihrer Schließung lärmten ungezählte Schülergenerationen über die altehrwürdigen Flure und Treppen. Zum hundertjährigen Jubiläum veröffentlichte der „Oranienburger Generalanzeiger" einige Schülererinnerungen, die die Zeit vor der Jahrhundertwende nicht ohne Wehmut lebendig werden ließen. *„Unter den Linden standen seiner Zeit zwei mächtige hölzerne Wasserbütten auf halbmorschen Kufen zu Feuerlöschzwecken. Dass die Herren Jungens diese altwürdigen dastehenden Tonnen zu wesentlich profaneren Zwecken benutzten, bedarf keiner Versicherung. Später stellte dort die Buchdruckerei von Eduard Freyhoff ihre Reklamesäule auf. Jedenfalls war es eine Sensation, wenn von Minute zu Minute mit leisem Kling ein anderes Reklameblatt unterhalb der Uhr sichtbar wurde. Das alte Schulhaus selbst, mit seinen ausgetretenen Holzstiegen und den beiden Klassenzimmern im Vorderbau, machte einen altfränkischen Eindruck. Die uralten, Hosen zerrei-*

Eingangstür des Schulhauses, 1918

Die 1. Gemeindeschule mit den „Grütterschen Häusern“ im Vordergrund, nach 1918

ßenden Bänke, die ich im Herbst 1890 dort vorfand... Die Wand vom Klassenzimmer 1 schmückten sehr gut gemeinte Bilder aller Hohenzollern.“

Rechts neben der Gemeindeschule entstanden im 19. Jahrhundert zwei Gebäude, die man in den Quellen als Grüttersche Häuser bezeichnet findet. Zunächst war da das schmucklose, mehrstöckige Gebäude der Färberei von Karl Grütter (1836–1897). In einer Ansicht aus dem Jahre 1795 befand sich zwischen dem Amtshaus und dem Marstall eine Lücke. Diesen Freiraum füllte das Haus nun aus. Obwohl in der äußeren Gestaltung schlicht, hatte der Architekt jedoch bestimmende Merkmale aufgenommen. Da waren die beiden Fensterreihen, hier ohne jeglichen Schmuck, und das gemauerte Band zwischen dem ersten und zweiten Geschoss, das man auch beim ehemaligen Amtshaus und Rathaus erkennen konnte. Über der Tür, die die Hausfront halbierte, befand sich ein Balkon mit einem dreigeteilten Gitter. Aus dem Rahmen fiel eine zusätzliche Reihe kleinerer Fenster unterhalb der Dachkante, die ein Mansardendach überflüssig machte. Eine Inschrift widmete das Haus „Dem Wohle der Stadt und des Vaterlandes.“ Zur Berliner Straße hin schloss sich der umgebaute Marstall an. Im Gegensatz zum Vorgänger stand das Haus nun mit seiner Front zum Schlossplatz, so dass sich die äußere Gestaltung und das Dach für den Betrachter sichtbar an die Nachbarbauten anlehnten. Zugleich ein Beweis dafür, dass man sich der Gemeinsamkeit der städtischen und privaten Häuser gegenüber dem Schloss bewusst war. Diese Gleichförmigkeit lag in einer gewollten bürgerlichen Schlichtheit gegenüber der Größe und barocken Ausstattung des Schlosses. Aus dem Marstall war ein Bürgerhaus in bester Lage, Ecke Berliner Straße-Schlossplatz, geworden. Die Unternehmerfamilie Grütter gehörte zu den herausragenden Bürgern der Stadt im 19. Jahrhundert. Karl Grütter übte für viele Jahre die Funktionen eines Stadtverordneten und Ratsherrn aus. Gemeinsam mit seinem Bruder, Gustav Grütter (1837–1908), hatte er 1873 das Gut Lehnitz gekauft. Hier legten sie mit der Parzellierung und Aufforstung des ehemaligen, zum Amt Oranienburg gehörenden, Gutsbezirks den Grundstein für den Villenvorort Lehnitz. Karl Grütter regte weiterhin die Bildung der am 1. Dezember 1889 gegründeten Stadtsparkasse in Oranienburg an. Ende des 19. Jahrhunderts kaufte die Stadt die beiden Grütterschen Gebäude. Diplom-Handelslehrer Oskar Becker richtete am 2. Januar 1900 im Grütterschen Eckhaus eine Privathandelsschule ein. Diese übernahm die Stadt im Jahr 1924. Zusätzlich beherbergte das Haus später das städtische Altersheim. Eine ebenfalls von Becker geführte gewerbliche Berufsschule der Stadt zog am 1. April 1905 in das Gebäude der ehemaligen Färberei ein. Angesichts der aufgezeigten Schulkonzentration hätte man den damaligen Luisenplatz auch Schulplatz nennen können. Im Gegensatz zu heute, wo der Verkehrslärm allgegenwärtig ist, bestimmte damals sicher das ausgelassene Treiben der Schüler die Geräuschkulisse.

Gustav Grütter

Gehen wir zurück in das 19. Jahrhundert. Da ist über ein Ereignis zu berichten, dessen Folgen noch heute sichtbar sind. Am Ostersonntag, dem 23. März 1842, brach im rechten Vorderflügel des Schlosses ein Brand aus. Der im Schloss wohnende Chemiker Friedlieb Ferdinand Runge (1795–1867) bemerkte das Feuer als erster. Obwohl viele freiwillige Helfer, die Oranienburger Feuerwehr sowie auswärtige

Friedlieb F. Runge, um 1845. Aus: Rehberg, Max: Friedlieb Ferdinand Runge. – Oranienburg, 1935

Denkmalsensemble mit Rathaus am Luisenplatz, um 1900

Spritzen aus Friedenthal, Glashütte und Lehnitz den Brand nach längerer Zeit unter Kontrolle bringen konnten, war der Schlossflügel nicht mehr zu retten. So erhielt das Schloss seine heutige Gestalt.

Vom Rathaus zum Hotel und Restaurant

Die Befreiungskriege 1813/15 gegen die napoleonische Fremdherrschaft brachten der Stadt einen Verlust von 80 000 Talern, so dass sich der Magistrat 1817 gezwungen sah, das Rathaus mit Ausnahme von vier Zimmern, des Rathaussaals und der Turmuhr in Erbpacht zu geben. Später verkaufte er das Gebäude endgültig. Die Stadtverwaltung befand sich hier jedoch noch bis 1851. Von 1867 bis 1894 führte der Hotelier Eilers das Unternehmen, von dem das Haus seinen Namen bekam. Die wechselnden Eigentümer nahmen für den Hotel- und Gaststättenbetrieb zahlreiche Veränderungen am Gebäude vor. So entstand an der Vorderfront eine neue Terrasse für die Restaurantbesucher, die zwar dem Geschäft gut tat, jedoch das architektonische Bild verschandelte. Mit ihrer Lage war sie eine Art Bühne mit Schlossblick und garantierte den schon damals wichtigen Grundsatz: Sehen und gesehen werden! Jene Aussicht genoss im Frühsommer 1861 ein schon oft zitierter Besucher der Stadt: Theodor Fontane. *„Das ist der Schlossplatz von Oranienburg. Das Wetter klärt sich auf; die Sonne ist da. Das Haus, das uns aufnehmen soll, verbirgt sich fast hinter den Lindenbäumen, die es umstehen, und erweckt, neben manchem anderen, unseren günstigsten Vorteil auch dadurch, dass wir verneh-*

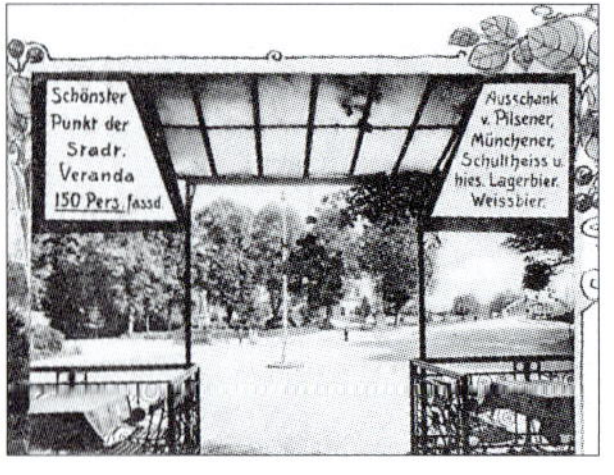

Terrasse des Hotel Eilers: „Schönster Punkt der Stadt", 1908

Denkmäler mit Schloss, Postkarte um 1900

men, es sei Rathaus und Gasthaus zugleich. Wo Justiz und Gastlichkeit so nahe zusammen wohnen, da ist es gut sein. In alten Zeiten war das häufiger. Unsere Altvordern verstanden sich besser auf Gemütlichkeit als wir. Die Luft ist warm und weich und ladet uns ein, unsern Nachmittagskaffee im Freien zu nehmen. Da sitzen wir denn auf der Treppe des Hauses, die sich nach rechts und links hin zu einer Art Veranda erweitert, und freuen uns der Stille und balsamischen Luft, die uns umgeben. Die Kronen der Lindenbäume sind unmittelbar über uns, und sooft ein Luftzug über den Platz weht, schüttelte er aus dem dichten Blattwerk einzelne Regentropfen auf uns nieder. Zu unserer Linken, ziemlich in der Mittel des Platzes, ragt die Statue der hohen Frau auf, die dieser Stadt den Namen und, über einen aller engsten Kreis hinaus, ein Ansehen in der Geschichte unseres Landes gab. Dahinter, zwischen den Stäben eines Gittertors schimmern die Bäume des Parks hervor, unmittelbar vor uns aber, nur durch die Breite des Platzes von uns getrennt, ragt der alte Schlossbau selbst auf…"

Noch über die Jahrhundertwende hinweg nutzte die Stadt den großen Sitzungssaal im Hotel Eilers, der im ersten Stock zum Schlossplatz und zur Berliner Straße hin lag. Hier traf man zum Teil wichtige Entscheidungen für die Entwicklung der Stadt, wie die vom 1. April 1891. Um 16 Uhr füllte sich der Saal mit Bürgern, die einen Anschluss an ein künftiges Stromnetz anstrebten. Ein Vertreter der „Firma Siemens & Halske" klärte die Anwesenden über den Nutzen und die Anschlusskosten auf. Es sollte eine Investition für das kommende Elektrizitätszeitalter werden.

Silvester im Restaurant
Hotel Eilers

Alle Stammgäste, Geschäftsfreunde und Bekannte werden hierdurch freundlichst eingeladen.

Gedeck M. 3.50

Schildkröten-Suppe in Tassen

Karpfen blau mit zerlassener Butter und gefrorenem Meerrett ch

Gefüllte Pute mit verschiedenen Salaten und Prinzeßkartoffeln oder Rehkeule in Sahne mit verschiedenen Gemüsen

Pfirsich Melba

Warmes Käsegebäck

Musik **Stimmung**

Salvator-, Pilsener Urquell-, Berliner Kindl-Biere im Anst ch

Kein Gedeckzwang — Tischbestellungen erbitte rechtzeitig.

Tel. Orbg. 2025. Carl Schulze.

Werbung für eine Silvesterfeier im Hotel Eilers, 1924

Das Hofgärtnerhaus, um 1930

„Blumenthalsches“ Haus und ehemaliges Amtshauptmannshaus

Neben dem von Bäumen überschatteten Schlosspark-Portal befindet sich ein schlichtes Bürgerhaus, das Hofgärtnerhaus aus dem Jahr 1770. Archäologen haben im Bereich des Hauses bis zur Breiten Straße sechs übereinander liegende Fußbodenhorizonte aus dem 13. bis zum 16. Jahrhundert freigelegt, deren Häuser durch Stadtbrände zerstört wurden. Nach dem Tod des Hofgärtners 1801 hatte es verschiedene Besitzer. Den gemauerten Türaufgang des Hauses schützten bis ins vorige Jahrhundert hinein zwei gusseiserne Prellpfähle. Sie gehörten als Röhren ursprünglich zu der von Friedrich I. angelegten Wasserleitung für die Springbrunnen im Schloss und im Lustgarten. Eigentümer des Hauses war von 1884 bis 1929 die jüdische Familie Blumenthal. Über drei Generationen hinweg bestimmten die Blumenthals als ehrenamtliche Stadträte oder Stadtälteste die Geschicke Oranienburgs mit. Louis Blumenthal (1818–1901) hatte 1852 die erste Privatbank gleichen Namens am Luisenplatz 5 gegründet. Sein Sohn, Martin Blumenthal (1858–1933), machte sich besonders um die Lebensmittelversorgung der Oranienburger Bevölkerung während des Ersten Weltkriegs und in den Jahren der Inflation verdient. Am 3. Januar 1926 wurde Werner Michael Blumenthal, ein Enkel von Martin Blumenthal, in der damaligen Berliner Straße 43 (das Gebäude existiert nicht mehr) geboren. Fünf Jahre später zog der Vater, Ewald Blumenthal, mit seiner Familie nach Berlin. Im April 1939 gelang es Ewald Blumenthal mit seiner Familie nach Schanghai zu fliehen, das sie dann 1947 in Richtung USA verließen. Hier fanden sie eine neue, dauerhafte Heimat. Michael Blumenthal wurde Berater der US-Präsidenten Kennedy und Johnson und schließlich Finanzminister unter Präsident Jimmy Carter. 1997 übernahm er die Aufgabe eines Gründungsdirektors des „Jüdischen Museums Berlin", die er bis 2014 ausübte. Als am 26. April 1996 die damalige brandenburgische Sozialministerin Regine Hildebrandt die Stadt besuchte, verlieh sie dem Haus den Ehrennamen „Blumenthalsches Haus". Am 25. Juni 2000 wurde W. Michael Blumenthal wie sein Ur- und Großvater Ehrenbürger von Oranienburg.

Werbung im Adressbuch Oranienburg 1908/09

Nur wenige Schritte vom „Blumenthalschen Haus" entfernt liegt das schon erwähnte ehemalige Amtshauptmannshaus. Die Stadt erwarb es am 1. April 1851 von der „Preußischen Seehandlung" (Preußische Staatsbank) für die Nutzung als Rathaus und Schulstandort. Doch bis zu seiner endgültigen Zweckbestimmung im 20. Jahrhundert blieb die Nutzung des Hauses vielgestaltig. Es beherbergte das Rathaus I. (1851–1923), das Steueramt, die Stadthaupt- und Steuerkasse sowie die Stadtsparkasse; ab 1935 die Stadtbücherei, das Heimatarchiv und im zweiten Stock das Heimatmuseum der Stadt.

Oranienburger Stadtwappen von 1860

Ein Denkmal für Kurfürstin Louise Henriette

Das Aussehen des Schlossplatzes im 19. Jahrhundert wäre ohne seine Denkmäler nur unvollständig beschrieben. National- und Kriegerdenkmäler hatten Hochkonjunktur, denn sie waren Ausdruck eines sich entwickelnden deutschen Nationalbewusstseins. Ursächliche Anlässe kriegerischer Art gab es für die Aufstellung von Denkmälern genug. Zur Erinnerung an die Befreiungskriege hatte man sich in Oranienburg jedoch mit einer Friedenseiche auf dem Schlossplatz begnügt. Darum ist es schon bemerkenswert, dass die Bürgerschaft der Stadt ihr erstes Denkmal – sehen wir einmal von der zeitweili-

Programm

über die Feierlichkeiten bei der Enthüllung

des

Louisen-Denkmals

zu Oranienburg

am 18. Juni 1858.

A. Zur Einleitung des Festes.

1. Am 17. Juni Abends veranstaltet die Schützengilde einen Zapfenstreich unter Abfeuerung ihrer Kanonen.

2. Am 18ten, des Morgens früh 5 Uhr, Reveille der Schützengilde. Demnächst wird das Fest mit allen Glocken in drei Pulsen zwischen 6 und 7 Uhr eingeläutet, bei jedem Pulse werden die Kanonen dreimal abgefeuert.

B. Enthüllung.

1. Die Zeit des Anfangs werden die Königlichen Herrschaften allergnädigst zu bestimmen geruhen. Sollte eine anderweitige Bestimmung nicht erfolgen, so beginnt die Enthüllungsfeier Vormittags um 11 Uhr.

2. Die Behörden, Corporationen u. s. w. versammeln sich zwei Stunden vor Anfang des Festes auf dem Louisenplatze. Das Fest-Comité wird die Aufstellung derselben um das Denkmal leiten.

3. In der auf dem Louisenplatze errichteten Ehrenpforte werden die Königlichen Herrschaften von dem Bürgermeister Kahlbaum Namens der Stadt ehrfurchtsvoll begrüßt. Das Fest-Comité geleitet die hohen Herrschaften in die oberen Räume des Schlosses und begiebt sich demnächst mit denselben zu der Ehrenpforte auf der östlichen Seite des um das Denkmal zu bildenden Vierecks. — Vorher sind aufgestellt:

I. auf der Ostseite:
a) zu beiden Seiten der daselbst für Seine Majestät aufgestellten Ehrenpforte: die Jungfrauen der Stadt.
Rechts von der Ehrenpforte: b) das Fest-Comité,
c) die Königlichen Beamten.
Links von der Ehrenpforte: d) der Magistrat und Stadtverordnete,
e) die Geistlichkeit,
f) die Bürger.

II. an der Nordseite:
a) die Schützengilde,
b) das Musikcorps,
c) dahinter Gewerke.

III. an der Westseite, unmittelbar vor der Tribüne:
a) der Waisen-Inspector mit den Waisenkindern dem Schlosse zunächst;
b) vor dem übrigen Theile der Tribüne die Lehrer der hiesigen Schule mit den vier ersten Klassen der Bürgerschule.

IV. an der Südseite: die übrigen Gewerke.

4. Zur Eröffnung der Feier geben weißgekleidete Jungfrauen der Stadt und die Zöglinge des Waisenhauses sich die Ehre, Festgedichte zu überreichen. Der Bürgermeister geleitet die Damen und bittet die Königlichen Herrschaften um die gnädige Annahme.

5. Weihe-Rede, vorgetragen vom Bürgermeister.

6. Der Bürgermeister holt den Befehl ein, daß das Denkmal von seiner Hülle befreit werden kann.

7. Derselbe bringt ein Hoch aus auf den König, die Königin und das ganze Königliche Haus, unter Abfeuerung der Kanonen, wobei die Hülle fällt.

8. Die Jungfrauen treten auf die Aufforderung des Bürgermeisters heran und legen an den Stufen des Denkmals Kränze nieder.

9. Die Versammlung singt unter Instrumental-Begleitung zwei Verse aus dem von der Kurfürstin selbst gedichteten Liede: „Jesus, meine Zuversicht."

C. Schlußfeier.

Am Abend bei eintretender Dunkelheit allgemeine Illumination der Stadt und des Denkmals.

Oranienburg, den 31. Mai 1858.

Im Auftrage der städtischen Behörden:

Das Fest-Comité.

Kahlbaum, Bürgermeister. **Ballhorn**, Prediger. **Grützmacher**, Beigeordneter.
W. Daßler, Stadtverordneten-Vorsteher. **Röding**, Kaufmann. **Lieb**, Stadtverordneter. **Rührmund**, Zimmermeister.
Benecke, Stadtverordneter. **Wendler**, Stadtverordneter. **Rauch**, Stadtältester und Rathmann.
Brückner, Stadtverordneter. **Roggemann**, Stadtverordneter.

Choral.

1. Jesus, meine Zuversicht
Und mein Heiland, ist im Leben;
Dieses weiß ich; sollt' ich nicht
Darum mich zufrieden geben?
Was die lange Todesnacht
Mir auch für Gedanken macht?

2. Jesus, er, mein Heiland, lebt;
Ich werd' auch das Leben schauen.
Sein, wo mein Erlöser schwebt; —
Warum sollte mir denn grauen?
Lässet auch ein Haupt sein Glied,
Welches es nicht nach sich zieht?

Druck von C. C. Freyhoff in Nauen.

gen Aufstellung des Standbilds für den ersten Preußenkönig ab – einer Frau widmete. Unmittelbarer Auslöser war das Erscheinen der schon erwähnten Stadtgeschichte Oranienburgs von Pfarrer Friedrich Ballhorn im Jahr 1850, das zugleich die 200. Wiederkehr der Übereignung des damaligen Amtes Bötzow an die erst 23jährige Kurfürstin Louise Henriette darstellte. Ballhorns Veröffentlichung im Jubiläumsjahr trug wesentlich dazu bei, die Verdienste der Kurfürstin für Oranienburg wieder in das öffentliche Bewusstsein zu rücken. In Anwesenheit des preußischen Königs Friedrich Wilhelm IV. wurde die Grundsteinlegung am 27. September 1850 vollzogen. Die

◁ Programm zu den „Feierlichkeiten bei der Enthüllung des Louisen-Denkmals zu Oranienburg am 18. Juni 1858“

Romantisierende Lithografie des Denkmals aus den 1880er Jahren ohne Zaunumrandung

„Vossische Zeitung“ beschrieb den Festtag euphorisch als ein „Jubelfest, dessen Andenken sich unauslöschlich fortpflanzen wird.“ Der erste Standort befand sich 34 Meter vor dem Schlosspark-Tor auf dem Schlossplatz. Im Verlauf der feierlichen Grundsteinlegung versenkte man eine Zinkhülse mit zahlreichen Urkunden, Druckschriften und Münzen im Denkmalssockel. Die zeitgenössischen Dokumente gaben unter anderem Auskunft über die Bevölkerungsentwicklung, das städtische Finanzwesen und die Chemische Produktenfabrik. (Als im Sommer 1936 das Standbild in den Schlosspark umgesetzt wurde, fand man die Hülse mit den Dokumenten. Ein Wiederabdruck erfolgte zum Teil 1936 im „Nieder-

Denkmal für Kurfürstin Louise Henriette heute

barnimer Kreisblatt/Oranienburger Generalanzeiger". Die Dokumente stellen wertvolle Zeitzeugnisse zur Stadtgeschichte aus dem Jahre 1850 dar.) Ballhorn würdigte in seiner Festrede das Wirken und die Verdienste der Kurfürstin für die Stadt. Nach einem Antrag an den Magistrat von ihm erhielt der „Marktplatz" nun den Namen Louisen-Platz (nachfolgende Schreibweise „Luisenplatz"). Acht Jahre sollten vergehen, ehe die eigentliche Einweihung des Denkmals am 18. Juni 1858 vollzogen wurde.

Das gedruckte „Programm über die Feierlichkeiten bei der Enthüllung des Louisen-Denkmals ..." erlaubt uns die Geschehnisse vor über 150 Jahren lebendig werden zu lassen. Im verantwortlichen Festkomitee befanden sich neben Bürgermeister Wilhelm Kahlbaum unter anderem auch Pfarrer Ballhorn und ein Mitglied der heute noch ansässigen Geschäftsfamilie Brückner. Am Vorabend des großen Ereignisses veranstaltete die Schützengilde einen Zapfenstreich mit dem Abfeuern ihrer Kanonen. Derartig militärisch eingestimmt wurden die Oranienburger am eigentlichen Festtag um 5 Uhr mit Trompetenstößen der Schützengilde, dreimaligem Glockenläuten von St. Nicolai und Kanonenschüssen in den Pausen bis 7 Uhr geweckt. Bereits zwei Stunden vor der Enthüllung nahmen die städtischen Honoratioren und geladenen Teilnehmer im Viereck um das Denkmal Aufstellung. Dazu gehörten das besagte Festkomitee, die königlichen Beamten, der Magistrat und die Stadtverordneten, die städtische Geistlichkeit, die geladenen Bürger, die Schützengilde, das städtische Handwerk, die Kinder des Waisenhauses und der ersten vier Klassen der Gemeindeschule. Sie alle sowie die vielen ungeladenen Zuschauer warteten gespannt auf die Angehörigen des preußischen Königshauses. Um 11 Uhr war es dann endlich soweit. Hatte sich der König bei der Grundsteinlegung noch selber bemüht, so war nun in Vertretung der Königliche Oberpräsident der Provinz Brandenburg und Staatsminister, Eduard von Flottwell (1786–1865), erschienen. Bürgermeister Kahlbaum begrüßte die hohen Gäste in einer auf dem Schlossplatz errichteten Ehrenpforte. Nach einem kurzen Besuch des Schlosses schritten das Festkomitee und die Ehrengäste zum Denkmal. Weiß gekleidete Ehrenjungfrauen und Kinder des Waisenhauses überreichten Festgedichte. Nach der vom Bürgermeister gehaltenen Weiherede fiel, begleitet vom Donner der Kanonen und unter Hochrufen auf König und Königin, die Hülle. Die Ehrenjungfrauen legten Kränze an den Stufen des Standbildes nieder. Abschließend sangen die Anwesenden unter Musikbegleitung einen von der Kurfürstin gedichteten Choral. Geschaffen hatte das Denkmal der Bildhauer Wilhelm Wolff (1816–1887), der neben monumentalen Tierfiguren auch Standbilder historischer Persönlichkeiten modulierte. Bei eintretender Dunkelheit erstrahlten die sonst nur spärlich beleuchtete Stadt und das Denkmal im Licht aufgestellter Laternen. Seit diesem Tage blickt die Namenspatronin der Stadt auf das friedliche Treiben ihrer Bürger.

Parade der Königlichen Schützengilde Louise Henriette von Oranien, 2017

Einweihung des Louise-Henriette-Denkmals am 18. Juni 1858, Lithografie

Kriegerdenkmal und neue Havelbrücke

Ausschnitt aus einer Postkarte von 1902

Die Friedensjahre waren jedoch gezählt, denn am politischen Horizont kündigten sich die kriegerischen Ereignisse um die Schaffung eines deutschen Nationalstaates unter preußischer Führung an. Der deutsch-französische Krieg von 1870/71 endete mit der Proklamation des preußischen Königs Wilhelm I. (1797–1888) zum Kaiser des Deutschen Reiches im Spiegelsaal von Versailles. Während des Kriegsverlaufs schlugen die nationalen Emotionen unter der deutschen Bevölkerung hoch. Enthusiastisch feierte man die siegreichen Schlachten über den französischen „Erbfeind". Auf dem Schlossplatz versammelten sich Seminaristen und Bürger der Stadt nach der Bekanntmachung des Sieges über die französischen Truppen bei Sedan, am 1. September 1870, und sangen die „Wacht am Rhein". Der so genannte Tag von Sedan wurde im Kaiserreich ein Gedenktag, an dem besonders die örtlichen Kriegervereine der Gefallenen gedachten und den Krieg nationalistisch glorifizierten. Schon seit 1873 strebte der Oranienburger Kriegerverein die Errichtung eines Ehrenmals für die Gefallenen der Einigungskriege an. Geldsammlungen im Verein wurden durchgeführt und erste Entwürfe diskutiert, jedoch reichten die finanziellen Mittel nicht aus. Darum entschlossen sich Stadt und Kriegerverein, eine Gedenktafel in der St. Nicolaikirche anbringen zu lassen, was am 2. September 1874 geschah. Doch die Befürworter eines Kriegerdenkmals gaben sich nicht zufrieden. Im Juli 1880 erschien in der „Zeitung für Nieder-Barnim" ein Leserbrief, dessen Schreiber es mit vielen Emotionen bedauerte, dass es in Oranienburg kein Kriegerdenkmal gäbe. Damit wurde die Denkmaldiskussion neu entfacht. Ein langer, unterstützender Kommentar, nur wenige Tage später auf der ersten Seite, endete mit der Frage: „Und soll uns kein sichtbares Zeichen, kein Denkmal an jene herrliche Ruhmesperiode in der deutschen Geschichte erinnern?" Nun war der Magistrat mit einer Antwort gefordert. Der verwies vierzehn Tage später auf die Gedenkplatte und lehnte einen Denkmalsplatz neben dem Louise Henriette-Denkmal oder vor der Friedenseiche ab! Die nachfolgenden Aktivitäten des Kriegervereins stießen auf Zustimmung bei der

Die stählerne Schlossbrücke in Richtung Bernauer Straße

Oranienburger Bevölkerung. Unter anderem führte der Kriegerverein Haussammlungen für die Denkmalfinanzierung durch, an der sich fast 500 Bürger mit Spenden beteiligten. Auch beim Magistrat muss angesichts der Unterstützung ein Umdenken stattgefunden haben, denn bereits drei Jahre später begannen die Einweihungsvorbereitungen. Man hatte auf ein martialisches Standbild verzichtet und sich stattdessen für einen bronzenen Siegesengel auf einer Sandsteinsäule entschieden. Er stand mit seiner Vorderansicht, im gebührenden Abstand vom kurfürstlichen Denkmal, auf der Schlossseite, gegenüber dem Hotel Eilers. In Anwesenheit vieler Oranienburger Bürger, aller städtischen Vereine und Kriegervereine aus anderen Orten fand am 18. Juni 1883 die feierliche Enthüllung des „Krieger-Sieges-Denkmals" (so im offiziellen Sprachgebrauch) statt. Die Aufschrift zum Schlossplatz hin lautete: „Es starben für Deutschlands Macht und Freiheit den Heldentod aus hiesiger Stadt". Es folgten acht Namen. Auf der Rückseite konnte man lesen: „Ihren tapferen Kriegern zum ehrenden Andenken die Stadt Oranienburg."

Das entstandene Denkmalsensemble, nunmehr bestehend aus der Friedenseiche, dem Louise Henriette-Denkmal und dem Krieger-Denkmal, folgte der ungünstigen Dreiecksform des Platzes, die nur

Stählerne Bogenbrücke, nach 1900

durch die verdichtende Anordnung der Bäume auf der Havel- und Schlossparkseite in eine verbindende Kreislinie aufgelöst wurde. Die romantische hölzerne Klappbrücke über die Havel musste 1900 einer stählernen Bogenbrücke weichen. Ihre nüchterne Konstruktion, die viel Unmut bei den Oranienburgern hervorrief, stand zugleich als sinnbildlicher Schlusspunkt der vorindustriellen Idylle des Schlossplatzes. Mit dem Bau machte sich zudem eine nicht unbedeutende Anhebung des östlichen Teils des Schlossplatzes nötig. Im Gefolge einer Verlagerung der Brücke nach Norden, rückte der Bürgersteig so dicht an das Schloss heran, dass das Schmuckgitter für das Kriegerdenkmal fortgenommen werden musste. Aus Gründen der Einheitlichkeit entfernte man später auch das Gitter vom Louise Henriette-Denkmal.

Jahre des Krieges

Oranienburger
General-Anzeiger
Zeitung für Nieder-Barnim

Nr. 178. Sonnabend den 1. August 1914. 56. Jahrg.

Deutschland im Kriegszustande

Berlin, 31. Juli, nachmittags.

Aus Petersburg ist heute die Nachricht des deutschen Botschafters eingetroffen, daß die allgemeine Mobilmachung der russischen Armee und Flotte befohlen worden ist.

Daraufhin hat Se. Majestät der Kaiser den Zustand der drohenden Kriegsgefahr befohlen. Se. Majestät wird heute nach Berlin übersiedeln.

Se. Majestät der Kaiser hat auf Grund des Artikels 68 der Reichsverfassung das Reichsgebiet ohne Bayern in Kriegszustand erklärt. Für Bayern ergeht die gleiche Anordnung.

Oranienburger General-Anzeiger vom 1. August 1914

Nach über vierzig Friedensjahren fühlte sich das preußisch-deutsche Kaiserreich stark genug, um den schon seit langem propagierten „Platz an der Sonne“ einzufordern. Dafür war den Eliten von Monarchie und Wirtschaft jedes Mittel recht – sogar die Gräuel eines Krieges. Im Ergebnis der außenpolitischen Julikrise von 1914, ausgelöst durch die Ermordung des österreichischen Thronfolgerpaares am 28. Juni im bosnischen Sarajevo, befanden sich bis auf wenige Ausnahmen alle europäischen Staaten nach wenigen Wochen im Kriegszustand. Die Bevölkerung fieberte nach den täglichen Neuigkeiten. Mit Extrablättern, manchmal drei Ausgaben am Tag, informierte der „Oranienburger Generalanzeiger“ über die politische Entwicklung. Dabei glich die Stadt einem Ameisenhaufen. Schon bald ging man dazu über, die wichtigsten Bekanntmachungen in den Abendstunden zu verlesen, so dass sich allabendlich vor der Geschäftsstelle des Generalanzeigers in der Bernauer Straße eine große Menschentraube bildete. Von dort aus wurden die Nachrichten weiter getragen – bis in den letzten Winkel der Stadt. Natürlich bot sich der Schlossplatz besonders für die Verbreitung von Nachrichten an. Als am 1. August (es war ein Sonntag), dem Tag der allgemeinen Mobilmachung, aufgeregte Oranienburger zum Schlossplatz eilten, ertönte zur gleichen Zeit von dort die Feuersirene, die von vielen als ein Signal der vollzogenen Mobilmachung missverstanden wurde. In den nachfolgenden Jahren zog der graue Kriegsalltag ein und mit ihm auch das immer

Blick in die Berliner Straße in Richtung Schlossplatz, nach 1918

bescheidener ausfallende Nahrungsmittelangebot des Wochenmarktes auf dem Schlossplatz.

Im Kriegsjahr 1917 besuchte der Architekturpublizist Adolf Behne (1885–1948) die Stadt und veröffentlichte danach einen heute noch lesenswerten Stadtführer mit einer ausführlichen Beschreibung des Schlossplatzes. Das Portal des Schulhauses sah er auf einer gedachten Kreislinie als ungefähren Gegenpunkt zum Portal des Schlosses. Dabei bildete allein das Schloss das Gegengewicht zu den bürgerlichen Amtsbauten, die, „in respektvoller Entfernung, zusammengedrängt und doch wieder zerrissen – wie eine ängstliche Herde“, auf der gegenüberliegenden Bogenhälfte standen. Die Baumreihen vor dem Schloss und auf der Havelseite schlossen die großen Lücken in der Schlossplatzbebauung und begleiteten die über den Platz führenden Straßen. Dabei geschah die Anordnung der Bäume vor dem Schloss dergestalt, dass eine freie Sichtachse von der Berliner Straße über den Platz zum Schloss ermöglicht wurde. Zu den Straßenbäumen formulierte Behne bildhaft: „Rechts vom Rathaus, in der Breiten Straße, wölben sich hohe, volle, mächtige Kronen. Links, in der Berliner Straße, reihen sich kugelköpfige, niedrige Rotdornbäumchen aneinander ... Denn die Berliner Straße ist eine eili-

Nachruf.

Auf dem Felde der Ehre fiel im November auf Belgiens Boden unser Kollege, der Lehrer

Hans Becker.

Sein ehrlicher, aufrechter Charakter, sein treuer kameradschaftlicher Sinn sichern ihm bei uns allen ein nie verlöschendes Gedenken.

Er ruhe sanft in fremder Erde!

Der Seminarkursus 1911 – 14
zu Oranienburg.

Theater-Verein Thalia, Oranienburg.

Unser nächster grosser

Theaterabend

findet am **Donnerstag den 31. Dezember 1914** (Sylvesterabend) im **Waldhaus Sandhausen,** Schützenstraße 34, statt.
Zur Aufführung gelangt unter anderem

Gensdarm Schlunk in der Klemme.

Schwank in 1 Akt von A. Volkmann.

Eröffnung 7½ Uhr. Anfang 8½ Uhr.
Hierzu ladet ergebenst ein Der Vorstand.

Restaurant Fürstenhof
Königsallee.

Heute große Silvester-Feier
mit musikalischer Unterhaltung,
wozu freundlichst einladet A. Heitmann.

Gasthof zur Lokomotive.
Am Silvester:
Grosses Konzert.
Es ladet freundlichst ein F. Kracht.

Deutsches Lichtspielhaus.
Oranienburg Poststraße 5
Am Donnerstag (Sylvester) findet die Kinovorstellung nur bis 10 Uhr statt, nachdem Sylvesterfeier und Begrüßung des neuen Jahres, verbunden mit Vorträgen ernster und heiterer Art.

Um 12 Uhr: Punsch.

Gleichzeitig machen wir auf unser reichhaltiges

Neujahrsprogramm

mit den neuesten Kriegsaufnahmen aufmerksam.

Aus dem Oranienburger General-Anzeiger vom Dezember 1914

ge, offene Verkehrsstraße, die Breite Straße dagegen verharrt in platzartiger Ruhe."

Im erkennbaren funktionalen Charakter der Baumbepflanzung sah der Architekt ein zusätzliches künstlerisches Element neben der eigentlichen Architektur der Gebäude. Als ein Jahr später der Weltkrieg zu Ende ging, blieben Millionen Opfer auf den Schlachtfeldern zurück. Im Ergebnis der nachfolgenden Novemberrevolution wurde die Monarchie beseitigt und die demokratische Weimarer Republik errichtet. Am 12. Dezember 1919 versammelten sich über 3 000 Menschen zu zwei Kundgebungen auf dem Schlossplatz gegenüber dem Hotel Burchardt.

Friedensjahre, ein neues Kriegerdenkmal und das 700. Stadtjubiläum

Mit dem ersehnten Frieden zog wieder das Alltagsgeschehen am Schlossplatz ein. Dazu gehörte das geschäftige Treiben des Wochenmarktes ebenso wie die Bepflanzung der Grünflächen mit Blumen im Jahresverlauf. Erst die zweitägigen Feierlichkeiten im September 1925, anlässlich der Schließung des Lehrerseminars, unterbrachen diesen Gleichlauf mit festlichem Glanz. Eindrucksvoll schilderte Max Rehberg, selbst Absolvent des Lehrerseminars, in seinem Festbericht die letzten Stunden des Abschieds am späten Abend des 30. September. „Nach den Feierlichkeiten strömten alle Festgäste und viele Bürger der Stadt zum Schlossplatz, um die Illumination des Schlosses zu genießen. Im purpurfarbenen Lichte des bengalischen Feuers glühte die Front des altersgrauen Gebäudes auf. Aus den zahllosen Fenstern sandten gegen 550 Kerzen einen feierlichen Glanz in den stillen Herbstabend hinaus ... Geradezu bezaubernd war das Bild vom jenseitigen Ufer der Havel und von der Brücke aus gesehen. Wie unzählige Funken spiegelten sich die Kerzenflammen in dem dunklen Spiegel der Havel." Dieses friedliche Stimmungsbild entsprach jedoch so gar nicht der politischen Zerrissenheit der Bürgerschaft. Bereits ein Jahr zuvor, im Sommer 1924, hatten die Auseinandersetzungen zwischen den gesellschaftlichen Gruppen um die Errichtung eines Kriegerdenkmals für die gefallenen Soldaten des Weltkrieges begon-

Die Abschlußfeier
des Lehrerseminars Oranienburg
am 29. und 30. September 1925

★

Festbericht und Festreden

Zusammengestellt im Auftrage des Festausschusses
von Max Rehberg

Schloß Oranienburg im Lichterglanz

★

Oranienburg 1925

In Kommission bei Franz Torner, Buchhandlung, Oranienburg

Deckblatt Festbericht von M. Rehberg, Kreismuseum Oberhavel

Kriegerdenkmal für den Ersten Weltkrieg um die Friedenseiche, 1934

nen. Öffentlichkeitswirksam wurden die Standpunkte in der lokalen Presse vertreten. Das ermöglicht uns heute wiederum einen Einblick in die politische Kultur jener Jahre. Der örtliche Kriegerverein beanspruchte die Führungsrolle bei der Planung und Aufstellung des Ehrenmals, weil nach seiner Meinung nur er „die meisten national gesinnten Kriegsteilnehmer unter seinen Fahnen vereinigt(e).“ (Leserbrief des 1. Vorsitzenden im „Oranienburger Generalanzeiger“ vom 12. August 1924) Als würdiger Denkmalplatz kam für ihn nur der Schlossplatz in Frage. Natürlich rief eine solche konfrontative Haltung Widerspruch hervor. Und so verwundert es nicht, dass sich schon nach wenigen Tagen der Reichsbanner Schwarz-Rot-Gold zu Wort meldete. Dieser wies den Führungsanspruch zurück und nahm zugleich für sich in Anspruch, ebenfalls national zu sein, obwohl seine Mitglieder zur Republik stehen würden. Darüber hinaus habe sich der Kriegerverein mit seiner ausgrenzenden Auffassung für eine Führung disqualifiziert. „Wir republikanischen Kriegsteilnehmer denken nicht daran, an der Denkmalfrage unser Parteisüppchen kochen zu wollen, wir denken aber auch nicht im Entferntesten daran, Ihnen das Denkmal verschandeln zu helfen.“ (Oranienburger Generalanzeiger vom 26. August 1924) Der Reichsbanner sah einen geeigneten Platz auf dem städtischen Friedhof und forderte zugleich für

Seite 40/41: Festumzug zum 700. Stadtjubiläum 1932 durch die Breite Straße

den Magistrat die Führung. Damit waren die Gräben aufgeworfen. Angesichts der verhärteten Positionen wollte Bürgermeister Arthur Horn alle Beteiligten zu einem gemeinsamen Vorgehen bewegen. Im November 1924 lud er darum die örtlichen Vereine, Parteien und interessierte Bürger zu einer öffentlichen Versammlung ein. Über hundert Vertreter waren von 43 Vereinen entsandt worden, die sich alle zur Mitarbeit bereit erklärten. Eingangs machte ein Vertreter des Reichsbanners den Vorschlag, an Stelle des Denkmals eine Stiftung für Kriegshinterbliebene mit einem Heim einzurichten, was keine Zustimmung fand. Im Ergebnis der Zusammenkunft wurde ein Denkmal-Ausschuss gewählt, in dem unter anderem alle politischen Richtungen (außer der KPD), der Bürgermeister, Stadträte und Bankdirektor Max Johow vertreten waren. Der formulierte künstlerische Leitgedanke lautete: „Schlichtheit ist Schönheit." Vier Jahre sollten jedoch noch bis zur Einweihung des Denkmals vergehen. Als größtes Problem gestaltete sich naturgemäß die Finanzierung. Wie beim bereits bestehenden Kriegerdenkmal, zeigten sich die Oranienburger hier besonders ideenreich. Dazu gehörten neben dem Kriegerverein die vielen Geselligkeits- und Kulturvereine der Stadt. So gaben z. B. die zwölf Gesangvereine Konzerte, führten die Turnvereine Veranstaltungen mit Schauübungen durch. Sogar eine Lotterie wollte man or-

Oranienburger General-Anzeiger

700 Jahre Oranienburg

Der Glückwunsch des Reichspräsidenten

Sehr geehrter Herr Bürgermeister!

Für die freundliche Einladung der Stadt Oranienburg zu ihrer 700-Jahrfeier danke ich herzlich. Am persönlichen Erscheinen leider verhindert, sende ich der Stadt Oranienburg und ihrer Bürgerschaft zu ihrem Ehrentage meine herzlichen, aufrichtigen Glückwünsche. Möge die alte märkische Stadt einer blühenden Zukunft entgegengehen, würdig ihrer bedeutsamen Vergangenheit!

Mit freundlichen Grüßen

von Hindenburg

Grußbotschaft von Reichspräsident Paul von Hindenburg

ganisieren, die jedoch an einem Verbot scheiterte. Haussammlungen, der Verkauf von Postkarten und Blumen unterstützten die Finanzierung zusätzlich. Ein Arbeits-Ausschuss diskutierte die künstlerische Ausführung und den Aufstellungsplatz. Im Gespräch waren der Bahnhofsvorplatz, der Mittelstreifen vor dem Waisenhaus, der Schlosspark und sogar die Liebesinsel am Lehnitzsee. Bereits im Februar 1925 hatte man sich für einen Brunnen vor dem Waisenhaus im Denkmal-Ausschuss entschieden. Doch die Wahl hatte nur kurzen Bestand. Zwei Monate später bekam aus fünf Modellen und zehn Skizzen die eingereichte Arbeit des Bildhauers Wilhelm Groß (1883–1974) aus Eden den Zuschlag. Es waren vermutlich die pazifistischen Positionen des bekannten Künstlers, die zur späteren Ablehnung seines Entwurfes beitrugen.

Das zur Ausführung gelangte Ehrenmal des namhaften Berliner Bildhauers Hermann Hosaeus (1875–1958) stellte darum auch einen Kompromiss zwischen den divergierenden politischen Auffassungen dar. Am 3. Juni 1929 fand die feierliche Einweihung des Denkmals auf dem Schlossplatz statt. In seiner Rede erinnerte der Vorsitzende des Denkmal-Ausschusses, Bankdirektor Johow, auch an die Schwierigkeiten der vergangenen vier Jahre bei der Verwirklichung des Denkmalvorhabens, „geschürt nicht zuletzt durch die politische Zerrissenheit un-

1232 – 1932

Einladung

Zu der am Sonnabend und Sonntag
den 25 und 26. Juni 1932 stattfindenden

700=Jahrfeier
der Stadt Oranienburg

beehren wir uns
das Kreismuseum Müncheberg/Mark

ergebenst einzuladen.

Oranienburg, 25. Mai 1932

Der
Ausschuß für die 700=Jahrfeier

Dr. Horn, Bürgermeister.
M. Rehberg, Vorsitzender der Heimatkundlichen Vereinigung.

Einladungskarte für das Kreismuseum Müncheberg/Mark. Kreismuseum Oberhavel

Stadtwappen von 1932

seres Volkes." Mit seiner originellen Anordnung von vier Stelen um die 1818 gepflanzte Friedenseiche orientierte sich das künstlerische Konzept nicht nur an dem vorgegebenen Platzensemble, sondern setzte sich darüber hinaus mit seiner Gestaltung von vielen entstandenen Kriegerdenkmälern der Weimarer Republik positiv ab. Drei Jahre später bildete der Schlossplatz mit seinen Bauten die historische Kulisse für ein Stadtfest aus besonderem Anlass. Am 25. und 26. Juni 1932 feierte Oranienburg die 700-Jahrfeier der Stadtrechtsverkündung nach dem Spandauer Recht. (Die Urkunde ist eine Fälschung. Das 800. Stadtjubiläum beging Oranienburg im Jahr 2016) Der erste Festtag klang auf dem Schlossplatz aus. Ein Fackelzug der Turnvereine mit ihren Spielmannszügen verlief vom Sportplatz durch die Neu- und Mittelstadt zum Schlossplatz. Im Lichte der Fackeln und des angestrahlten Schlosses gab es hier einen Zapfenstreich mit den Spielmannszügen, zwei Kapellen und acht Chören der Stadt. Höhepunkt des darauf folgenden Tages war der Festzug. Nach dem historischen Teil mit Persönlichkeiten aus der brandenburgischen und städtischen Geschichte folgten unter anderem 26 Vereine, 14 Innungen der Gewerke und die Schulen der Stadt.

Gestaltung nach politischen Erfordernissen

Welchen festen Stellenwert der Schlossplatz im Bewusstsein der Oranienburger besaß, zeigt eine Begebenheit aus dem Jahre 1930. Angesichts des gestiegenen Verkehrsaufkommens wollte die Polizei den Jahrmarkt und den Wochenmarkt vom Schlossplatz auf das Gelände neben dem Louise-Henrietten-Steg verlegen. Händler und Bürger wehrten sich mit Eingaben an die Stadtverwaltung erfolgreich gegen diese Pläne. Nachhaltige Veränderungen erfuhr der Schlossplatz im Zusammenhang mit dem Neubau der Schlossbrücke 1934 und der sich anschließenden Neugliederung des Platzes. Die Neugestaltung orientierte sich zunächst an der notwendigen Höherlegung der neuen Brücke und ihrer Verschiebung nach Norden sowie an einer, den Verkehrsströmen angepasste, neue Straßenführung. Zeitgleich mit dem Brückenneubau begannen daher die Arbeiten

Textiles Ansteckfähnchen (Mitte) und Bronzemedaille zum Stadtjubiläum. Kreismuseum Oberhavel

Kriegerdenkmal für die Reichseinigungskriege in der Breiten Straße

für die Umgestaltung des Platzes. Vor den Schulgebäuden wurde das Pflaster aufgerissen und eine neue Schulstraße zwischen der Berliner Straße und der Straße entlang der Havel angelegt. Im Juli erfuhren die Oranienburger von der Umstellung der beiden älteren Denkmäler aus der Presse. Nach offenbar heftiger Kritik aus der Bevölkerung sahen sich die Planer im Staatshochbauamt III Potsdam veranlasst, mit einer Presseinformation von Seiten des verantwortlichen Regierungsbauführers an die Öffentlichkeit zu gehen (Niederbarnimer Kreisblatt/ Oranienburger Generalanzeiger, 1./2. September 1934). Sie gibt einen guten Einblick in die verkehrstechnischen, städtebaulichen und politischen Ziele der Planungen.

An dieser Stelle darum einige Auszüge: *„Die alte Platzanlage ist weniger ein Platz im städtebaulichen Sinne als ein aufwendiger Tummelplatz für Verkehrsfahrzeuge. Es existiert eine ungünstige Aufteilung von Nutzungs- und Erholungsflächen. Ein Platz dient nicht nur für den Verkehr, sondern auch zum Verharren. Das ist im vorliegenden Falle, vor dem Schloss des ersten preußischen Königs nicht zu vergessen! Die trompetenförmige Einbindung der Breiten und der Berliner Straße in die Schlossbrücke ist angesichts der ungleichmäßigen Verteilung des Verkehrs, die Berliner Straße wird weitaus mehr genutzt, verkehrstechnisch problematisch.*

Der Verkehrsweg nach der Breiten Straße überquert den Platz diagonal, anstatt am Platzrand entlang. Den Schlossplatz umgrenzen: im Westen das ehemalige Haus der Familie Blumenthal, die Lindenbaumreihe und der Parkflügel des Schlosses; im Norden: die Hauptfront des Schlosses; im Osten: die Schlossmauer an der Havel, die Schlossbrücke und die Schullinden; an der Südseite: das Hotel Eilers. Dieser Platzraum wird ungünstig unterteilt durch die dicht geschlossene Lindenquerreihe am Kriegerdenkmal vor dem Schloss. Für die großzügige Platzgestaltung ist daher die Entfernung von zwei Linden unerlässlich. Durch die Entfernung der zweiten und vierten Linde (von der Brücke gerechnet) wird der Eindruck der Reihe aufgehoben und die verbleibenden Linden geben dem Schloss einen lockeren und damit wirkungsvolleren Vordergrund. Zugleich wird die vordere Schlossmauer entfernt. Der neue Abschluss des verkleinerten Schlossgartens soll um etwa zwölf Meter nach dem Schloss zu verlegt werden. Die neue Verkehrsführung betont die Linienführung in die Berliner Straße, wogegen sich die Breite Straße rechtwinklig in die Berliner Straße eingehängt. Der Fußweg auf der Schulseite wird bewusst breit gehalten. Im Zuge der Berliner Straße sind die Bürgersteige unmittelbar an die Fahrbahn gelegt worden. Das neue Kriegerdenkmal rückt durch diese Anordnung aus der bisher ungünstigen Lage einer Verkehrsinsel an einen Platzpunkt, der nur einseitig vom Verkehr berührt wird. Auf der anderen Straßenseite entsteht der eigentliche Schlossplatz. Die neue Platzanlage gestattet eine Versammlung bis zu 8 000 Teilnehmern und einen Abgang nach dem Schlosspark oder nach dem Sportplatz, ohne eine Verkehrsstraße überqueren zu müssen. Bislang fanden die Versammlungen auf der Pflasterfläche vor dem Hotel Eilers statt. Durch die Auflockerung der Lindenreihe und Verlagerung der Platzfläche nach der Schlossparkseite erwartet man auch eine Besserung der akustischen Verhältnisse, insbesondere bei den Lautsprecherübertragungen. Breite Grünstreifen sollen die Platzanlage an der Schlosspark- und Schlossseite umrahmen. Mit der neuen Platzgestaltung macht sich auch eine Umstellung der Denkmäler notwendig. Das Louise-Henriette-Denkmal soll hinter der zweiten Linde der Querrei-

Kriegerdenkmal, nach 1933

he vor dem Schlossflügel Aufstellung finden. Zurzeit steht dort eine Denkmalsattrappe. Das Denkmal für die Reichseinigungskriege wandert voraussichtlich auf die Spitze (vom Luisenplatz aus gesehen) der Straßeninsel in der Breiten Straße."

Schlossplatz, 1938

Soweit die Planungen des Hochbauamtes, die nicht nur die veränderten Verkehrsströme berücksichtigten, sondern zusätzlich die Erfordernisse der nationalsozialistischen Massenpropaganda mit ihren Aufmärschen und Kundgebungen. Welche Bedeutung die örtliche NSDAP derartigen Veranstaltungen beimaß, zeigt auch ein Brief des Oranienburger Propagandaleiters an den Regierungspräsidenten in Potsdam vom 21. April 1934. Man beanspruchte die Flächen der alten Karpfenteiche im Schlosspark für die Errichtung einer Freilichtbühne. Mit Hinweisen auf bereits existierende Pachten für die umliegenden Wiesen und den traditionellen Erholungscharakter des Parks wurde die Forderung jedoch abgewiesen. Auch der preußische Finanzminister wandte sich Ende Oktober gegen die Abtretung staatlichen Eigentums an die Stadt, wie es die Rückversetzung der Schlossmauer zum Schloss hin erforderlich machte.

Anlage mit Blick auf das Rathaus, nach 1933

Neue Hausherren im Schloss

Zwischen der Stadtverwaltung und den Regierungsbehörden in Potsdam begann ein Tauziehen um die Verwirklichung der Umgestaltungspläne, das sich bis 1938 hinziehen sollte. Zunächst jedoch wollte sich das Regime nach den gewalttätigen Ereignissen der Jahre 1933/34 friedlich und unpolitisch geben. Die städtische Weihnachtsfeier des Jahres 1934 fand auf dem Schlossplatz statt. Am Weihnachtstag traf gegen 19 Uhr auf dem Oranienburger Bahnhof der Weihnachtsmann ein, der von vielen Kindern und Erwachsenen zum Schlossplatz begleitet wurde. Das Schloss war mit einem Weihnachtsbaum und Lichtern in den Fenstern geschmückt. Die NSDAP-Führung nutzte die Feier für ihre Volksgemeinschafts-Propaganda. Weihnachtsgesang der Oranienburger Chöre, der von einem Beauftragten des Reichssenders Berlin geleitet und teilweise auf Wachsplatten aufgenommen wurde, gab der

Das Louise Henriette Denkmal im Schlosspark (oben) und derselbe Blick heute ohne das Denkmal

Veranstaltung eine feierliche Stimmung. Zwischendurch trat der Weihnachtsmann auf den Balkon des Schlosses und beschenkte die anwesenden Kinder. Die Edener Heimatbühne stellte lebende Bilder aus der Weihnachtsgeschichte dar. Die nachfolgenden Monate des Jahres 1935 brachten keine Baumaßnahmen für den Schlossplatz. Schreiben des Landrats an die Regierung in Potsdam, deren Inhalte auf die misslichen Umstände hinwiesen, blieben unbeantwortet. Die Gründe dafür lagen beim neuen Hausherrn des Oranienburger Schlosses – der SS-Totenkopfstandarte Brandenburg. Die mächtige SS konnte sich mit den Gestaltungsplänen des Hochbauamtes und der Stadt nicht anfreunden. Im März 1936 bekam das Amt daher neue Vorgaben, nach denen „die Bedürfnisse dieser Formation berücksichtigt werden" mussten. Dazu gehörte unter anderem eine neue Zufahrtsstraße, schräg über den Schlossplatz führend, entlang der Schlossparkmauer zum Schlosshof. Eine Zurücksetzung der Schlossmauer und damit Verkleinerung des Schlossvorplatzes kam ebenfalls nicht mehr in Frage. (Materialien des Staatshochbauamts III Potsdam vom 10. März 1936) Auch Bürgermeister Oskar Fuchs, der NSDAP-Funktionär war seit November 1933 im Amt, beugte sich beflissentlich den Forderungen von Theodor Eicke, dem Führer der SS-Totenkopfverbände. *„Da sich die Verhältnisse gegenüber den früheren Überlegungen ... grundlegend verändert haben, kann den früheren Wünschen natürlich nicht mehr im vollen Umfange entsprochen werden. Das Louise-Henriette-Denkmal hat daher, dem Wunsche der SS-Führung gehorchend, einen geeigneten Standort im Schlosspark gefunden."* (Schreiben des Bürgermeisters an den Regierungspräsidenten vom 7. August 1936)

Nun mögen die Wünsche der SS für den Bürgermeister gleichermaßen Befehle gewesen sein, bei der Bevölkerung rief der Umzug erhebliche Unruhe hervor. Mit veröffentlichten Gedichten in der Presse wollten die Verantwortlichen von den wahren Gründen ablenken. Am 23. Juli 1936, nur einen Tag nach der erfolgten Denkmalsumsetzung, erschienen im „Niederbarnimer Kreisblatt/Oranienburger Generalanzeiger" folgende Zeilen:

Als schöner Platz weithin bekannt,
wird der Luisenplatz genannt.
Inmitten unserer lieben Stadt,
woran man seine Freude hat!
Ein schönes Bild im schmucken Rahmen,
so sprachen Wanderer, die hier kamen.
Für's ganze Havelland ein Schatz
ist wirklich der Luisenplatz.
Wo ist Louise Henriette?

Die Olympiade wirft ihre Schatten

Mit baulichen Aktivitäten und kulturellen Einrichtungen am Schlossplatz versuchten der 1933 gegründete „Oranienburger Verkehrsverein" und die Stadtverwaltung das historische Zentrum für die Besucher attraktiver zu gestalten. Das ehemalige Amtshauptmannshaus erfuhr 1934 eine Neugestaltung der Fassade. Im Erdgeschoss fanden das Heimatarchiv, die Stadtbücherei und der Lesesaal eine Heimstatt. Der zweite Stock sollte einem kulturellen Höhepunkt vorbehalten bleiben. Hier zog bis zum 13. August 1935 das von Max Rehberg (1896–1945) und der „Heimatkundlichen Vereinigung Oranienburg und Umgegend" begründete Heimatmuseum der Stadt ein. Drei Jahre zuvor war es anlässlich des Stadtjubiläums im ehemaligen Waisenhaus eröffnet worden. Max Rehberg, dessen heimatkundliches Interesse besonders der Schifffahrt galt, erweiterte die Ausstellung in den folgenden Jahren über die eigentliche Stadtgeschichte hinaus zum ersten Binnenschifffahrts-Museum im norddeutschen Raum. Der Besucher wurde anhand von Exponaten über die Geschichte der märkischen Schifffahrt und Wasserstraßen, die verschiedenen Schiffstypen, den Schiffbau mit seinen Werkzeugen und den seemännischen Alltag informiert. Besondere Aufmerksamkeit fanden natürlich die wertvollen Schiffsmodelle, über deren Schenkung oder Erwerb die örtliche Presse ausführlich berichtete. Wenige Schritte weiter, über die Breite Straße hinweg, konnte sich der Besucher im „Hotel-Restaurant Eilers" anschließend von den Bildungseindrücken bei leiblichen Genüssen entspannen. 1919 hatte der Gastwirt Carl Schulze das Traditionsunternehmen gekauft und den Gaststättenbetrieb bis 1959 geführt. Ein Rundgang (veröffentlicht im „Niederbarnimer Kreisblatt/Oranienburger Generalanzeiger" vom 8. April 1937) durch das historische Gebäude, anlässlich eines 1937 vom Oranienburger Verkehrsverein geplanten Films, macht uns mit dem Zustand des Hauses vor über sechzig Jahren vertraut.

„Der freundliche Herr des Hauses übernimmt selbst unsere Führung durch das interessante alte Gebäude, das für die Ewigkeit gebaut scheint. Unsere Bitte, ins Turmstübchen hinaufklettern zu dürfen, wird gern erfüllt. Eine gewaltige Dachkonstruktion stützt

Heimat und Welt

26/1937 — 19. Juni

Blätter zur Pflege des Heimatgedankens

Max Rehberg

Was die Schiffsmodelle des Oranienburger Heimat- und Binnenschiffahrtsmuseums erzählen

I.

Kettendampfer

Kettendampfer von der Elbe. (Bild des Modells im Heimatmuseum.)

Beitrag von M. Rehberg 1937. Stadtarchiv Oranienburg

Stadtwappen von 1937

Neuanlage des Schlossplatzes mit den Denkmälern, nach 1933

den Turm und, wie die Spuren zeigen, hat selbst Feuer diesem mehrhundertjährigen Gebälk nichts anzuhaben vermocht. Den alten Ratssaal kann man sich noch gut vorstellen, ebenso die einstige Eingangshalle, als deren Stütze ein gewaltiger Eichenstamm dient. An die Frühzeit des Hauses erinnern auch eiserne Türbeschläge, saubere Handwerkerarbeit. Im Gastzimmer, wo bei angenehmem Plaudern die Geburtsstunde zweier Oranienburger Spezialitäten, der Louise-Henriette-Kekse und des Oranienburger Auer-Glüher schlägt, wird die Wiedereinsetzung des alten Hauszeichens, des Schwarzen Adlers, als Namensträger feierlich beschlossen."

Im Gegensatz zum aufgezeigten Zustand des Schlossvorplatzes hatte die Stadt den Schulvorplatz mit dem neuen Kriegerdenkmal fertig gestellt. Es sollten aber noch zwei Jahre vergehen, ehe im Zuge von umfangreichen Bauarbeiten am Schloss (1938–1939) die notwendigen Veränderungen im Übergangsbereich vom Schloss zum Schlossplatz ihren Abschluss fanden. Die Lücke in der vorderen Schlossmauer wurde endlich geschlossen. Ein eisernes Tor versperrte den Zugang und die Sicht von der neu angelegten Straße entlang der Schlossparkmauer auf den Schlosshof.

Schlossplatz mit dem ehemaligen Rathaus, 1938

Ein neuer Krieg fordert seinen Tribut

Es waren nur noch wenige Jahre, die den Oranienburgern und Besuchern blieben, um sich an der historischen Architektur zu erfreuen. Die Nazipartei und ihre Gliederung missbrauchten den Schlossplatz für ihre propagandistisch-martialischen Aufmärsche und Kundgebungen. Anlässe gab es für das Regime genug. Ob es nun der Geburtstag Hitlers oder die so genannten Heldengedenkfeiern der militärischen Formationen waren. Im Sommer 1941 verlangte der Krieg den ersten Tribut vom Schlossplatz. Der geforderten städtischen Metallspende fiel unter anderem das Kriegerdenkmal der Reichseinigungskriege zum Opfer. Im Herbst 1941 kaufte die Stadt den Schlossplatz vom preußischen Staat. Die nachfolgenden Bombenangriffe der Jahre 1944/45 brachten auch für die Gebäude am Schlossplatz und der historischen Altstadt schwere Schäden. In einem Brief an den Provinzialkonservator beschreibt Max Rehberg authentisch, noch unter den schrecklichen Eindrücken stehend, die Schäden des Bombenangriffs vom 6. März 1944, der in zwei Wellen gegen 13.45 Uhr erfolgte. Danach war die Havelstraße zwischen der Berliner Straße und der Havel ein einziger Schutthaufen. Zerstörungen bzw. Beschädigungen gab es am ehemaligen Waisenhaus, an der St. Nicolaikirche und am Pfarrhaus. Der Superintendent und der Küster gehörten zu den 81 Opfern. Das Gebäude des Heimatmuseums, Rehberg befand sich beim Angriff dort, erzitterte in seinen Grundfesten. Auch hier Schäden am Dach und an den Fenstern. Ausstellungsstücke, sie waren zum Teil in die 2. Gemeindeschule und die Privatwohnung von Rehberg ausgelagert, hatten keinen Schaden genommen.

Nach dem Bombenangriff vom 6. März 1944

Neubeginn und Rückbau

Die Jahrzehnte nach dem Krieg waren für den Schlossplatz, ab 1946 zunächst „August-Bebel-

Platz“, dann ab 17. April 1950 „Platz des Friedens“ genannt, gleichermaßen von Aufbau- und Abrissmaßnahmen gekennzeichnet. Sie hinterließen, wie man noch heute unschwer erkennen kann, einen architektonischen Torso. Als erstes demontierte man 1950 die Denkmäler für Louise Henriette und die Opfer des Ersten Weltkrieges. Mit dem Kriegerdenkmal fiel auch die 1818 gepflanzte Friedenseiche. Das abgebaute Denkmal wurde auf dem Städtischen Friedhof an der Südseite des dortigen Ehrenfriedhofs für die Opfer des Ersten Weltkrieges gelagert. Gegen eine angestrebte vollständige Beseitigung der beschädigten Denkmalsteile wandte sich Mitte der 1970er Jahre erfolgreich der Kreisdenkmalpfleger Willi Wiborny. Nach dem Untergang der DDR gab es von Seiten der Stadtverwaltung Bestrebungen, das Denkmal 1991 anlässlich des 775. Stadtjubiläums neu zu errichten. Doch zunächst bestimmten politische Diskussionen die folgenden Jahre, ehe sich die Befürworter 1996 endlich durchsetzen konnten. Bereits 1992 hatte der Schlossplatz seinen Namen erhalten. Nachdem mit dem Pflanzen einer Eiche am 20. Juni 1996 gewissermaßen die Grundsteinlegung für die Neuaufstellung im nördlichen Bereich des Rosengartens erfolgt war, fand die eigentliche Einweihung des Denkmals mit einer schlichten Feier am 14. September 1996 statt. Bürgermeister Hans-Joachim Laesicke hielt eine mahnende, verhaltene Rede, die er mit einem pazifistischen Gedicht von

Der Schlossplatz (Platz des Friedens) in den 1950er Jahren

Das Kriegerdenkmal am neuen Standort im Rosengarten

Einweihung des „Mahnmals für den Frieden“

Erich Kästner aus dem Jahre 1929 beendete. 1997 wurde das Denkmal um die Tafel ergänzt: *„Oranienburger Ehrenmal von Prof. H. Hosaeus Berlin. Historischer Standort von 1929–1950 Schlossplatz, die Friedenseiche von 1818 umschließend. Hier als Denk- und Mahnmal 1996 wieder errichtet.“*

Nach erheblichen Beschädigungen beim „Schleifen“ des Denkmals im Jahr 1950 und politischen Auseinandersetzungen kehrte das restaurierte Standbild für die Namenspatronin der Stadt am 6. Dezember 1955 auf den Schlossplatz zwischen Parktor und Schloss zurück. Willi Wiborny, seit 1. Juni 1954 neuer Leiter des Oranienburger Heimatmuseums und seine Vorgängerin, Liesbeth Muhlak, hatten sich in den Monaten davor vehement dafür eingesetzt. Mit Unterstützung des Museumsbeirates und des Landeskonservators konnte Wiborny erreichen, dass die Stadtverordneten im Juli 1955 einen entsprechenden Beschluss fassten. Die SED-Kreisleitung sah dies wohl als eine Niederlage an, denn sie ließ im Parteiorgan „Märkische Volksstimme“ verlautbaren, *„dass die Kurfürstin... eine Vertreterin derjenigen Klasse – der preußischen Junker – ist, die bis in unsere Zeit von der Ausbeutung der Bauern und Landarbeiter in Saus und Braus lebten und durch immer neue Raubkriege das deutsche Volk so oft in Not und Elend stürzten. Erst die siegreiche Armee des ersten Arbeiter-und-Bauern-Staates der Welt hat ihrem Treiben ein Ende gesetzt, ... Darum ist ein großer Teil unserer Bevölkerung der Ansicht, das Standbild der Louise Henriette hätte besser ins Museum gepasst als auf einen öffentlichen Platz der Stadt.“* (Märkische Volksstimme vom 25. 12. 1955. Zitiert nach Manuela Vehma) So genannte „Volkskorrespondenten“ schlossen sich – bis auf wenige Ausnahmen – in der nachfolgenden Diskussion dem vorgegebenen SED-Geschichtsbild weisungsgerecht mehrheitlich an. Doch das Denkmal von Louise Henriette steht noch heute am repräsentativen Ort.

Anlässlich des 12. Jahrestages des amerikanischen Bombenangriffs auf die Stadt wurde am 15. März 1957, annähernd am ursprünglichen Standort des Ehrenmals für die Opfer des Ersten Weltkrieges, ein Mahnmal für den Frieden eingeweiht. Es handelte sich um einen Findling, an dem eine Bronzeplatte mit folgender Inschrift angebracht war: „Anglo-amerikanischen Terrorangriffen fielen 1945 in Oranienburg über 1000 Menschenleben zum Opfer. Millionen Tote zweier imperialistischer Weltkriege mahnen. Sichert den Frieden." Die Oranienburger fanden für den schlichten Gedenkstein alsbald die spottende Bezeichnung „Kuchenzahn". Ein würdiges Mahnmal stand also weiterhin aus. Am 30. Oktober 1958 wurde den Stadtverordneten bekannt gegeben, dass der „Deutsche Kulturfonds" die Absicht hat, der Stadt ein Mahnmal des Friedens anstelle des existierenden Provisoriums zu schenken. Es handelte sich dabei um eine Plastik von Fritz Cremer (1906–1993), „Die Anklagende", deren Original aus einer Figurengruppe des Mahnmals „Den Opfern für ein freies Österreich 1934–1945" auf dem Zentralfriedhof in Wien stammte. Die Plastik fand am 22. April 1961 vor einer Kunststeinmauer mit der Inschrift „Schmerz gebäre Tat!" (einer Gedichtzeile von Ernst Toller) mit einer feierlichen Enthüllung ihren Standplatz. Sie soll die mahnende Erinnerung an die Orte nationalsozialistischer Verbrechen und ihrer Täter in Oranienburg wach halten. Nur wenige Meter davon entfernt zogen DDR-Grenztruppen in das von der SS-Totenkopfstandarte als Kaserne missbrauchte Schloss. Diese militärische Weiternutzung, und das nicht nur an dieser Stelle in unserer Stadt, entsprachen dem funktionalisierten Antifaschismus der DDR.

Schlossplatz im Jahr 2007: Rückbau und Neuanfang

Denkmal „Die Anklagende" am Schloss

Stadtwappen seit 1980

Stadtbibliothek und Stadtinformation am Schlossplatz 2

In den Jahren 1957/58 wurde das ehemalige Hotel Eilers restauriert und die alte Bausubstanz gesichert. Dabei entfernte man die Terrasse und die zwei großen Linden im Hausbereich. Die damaligen Stadtplaner wollten es als „Haus der Kultur“ nutzen. Doch es sollte ganz anders kommen. Nur fünf Jahre später, im Jahre 1963, beendete der Rückbau die Geschichte des traditionsreichen Gebäudes. An seiner Stelle entstand bis 1971 die hässliche Betonarchitektur der Industrie- und Handelsbank. Mitte der 1970er Jahre fiel das historische Amtsgebäude (damals Goethe-Schule) der Spitzhacke zum Opfer. Wieder waren Platz prägende Bauten des historischen Ensembles unwiderruflich beseitigt worden. Hier öffnete der Oranienburger Wochenmarkt am 4. Mai 1982 erstmalig seine Pforten für die Oranienburger. Der historische Charakter des Platzes als barockes Architekturensemble war unwiederbringlich vernichtet worden.

So endet unser historischer Spaziergang über den Schlossplatz mit der Hoffnung, dass es unseren Kommunalpolitikern gelingen möge, ihn wieder zur „guten Stube“ der Stadt zu gestalten. Ein erster, wichtiger Schritt in diese Richtung geschah am 28. Februar 2014 mit der Einweihung der Stadtbibliothek im neuen Gebäude am Schlossplatz 2, in dem sich auch die Oranienburger Stadtinformation befindet. Mit dem Standort und der Hausnummer ist die historische Randbebauung des Schlossplatzes damit wieder aufgenommen worden.

Eine königliche Schlossparkordnung von 1789

Dass es Natur- und Kulturgüterschutz in Oranienburg schon vor über zwei Jahrhunderten gab, zeigt der folgende Beitrag. Nach dem Tod des letzten Schlossherren, Prinz August Wilhelm (1722–1758), befand sich die barocke Schlossanlage im Niedergang. Erst König Friedrich Wilhelm II. (1744–1797) schenkte Schloss und Park wieder Aufmerksamkeit, denn er wollte seinem Sohn, den späteren König Friedrich Wilhelm III. (1770–1840) und dessen Gemahlin Luise (1776–1810), damit ausstatten. Die fortschreitende Verwilderung des Lustgartens (wie auch die Abbildung auf Seite 56 zeigt) und das schädliche Verhalten einiger Oranienburger veranlassten 1789 die Königliche Garten-Inspektion in Potsdam, eine „Bekanntmachung" zum Schutz der Anlagen zu veröffentlichen. Darin konnte man u. a. lesen: *„Da es Seiner Königl. Majestät Höchsteigener Wille und Befehl ist, dass Sein Garten, Alleen und Plantagen in und um Oranienburg, künftig, mehr als seither geschehen, geschont und alle Beschädigungen sowie aller Unfug unterbleiben, wird deshalb das Nötige veranlasst, hiernächst einen Übertreter auf das Strengste zu bestrafen. In den Alleen, Plantagen und Hecken das Abhauen, Abbrechen, Ausreißen, Zertreten oder andere Verwüstungen und das Stehlen der Bäume gänzlich unterbleiben muss. Desgleichen, dass keine Pferde, Ziegen, Schweine und anderes Vieh, weder aus den Ortschaften noch von damit handelnden Personen in denselben gehütet und dass von den Bäumen, Hecken etc. nicht das Laub abgefressen und die Borke abgeschält wird. Auch wird das Fahren und Reiten in den Nebenalleen, das Schuttabladen und Ausgraben des Sandes, das Anbinden der Leinen zum Wäschetrocknen, ferner das Abladen des Bauholzes vor dem Lustgarten, das Steine- und Stöcke-Einwerfen der Jugend über die Mauer des Lustgartens, wie auch die Verunreinigung vor dem Portal nicht mehr gestattet. Es sind zum Reiten und Fahren nur die Haupt- oder Mittel-Alleen zu gebrauchen, der Schutt und Mist oder anderes Müllwerk aber an Orten, wo es den Bäumen nicht schadet, abzuladen. Was den Königlichen Garten anbetrifft, so wird unter Geld- und Leibes-*

Zeichnung eines unbekannten Künstlers, 1795. Kreismuseum Oberhavel

strafe jedermann gewarnt, an den dort befindlichen Lustgebäuden, Grotte, Figuren, Büsten und Vasen, den Fenstern, desgleichen an den wilden, auch Frucht- und Orange-Bäumen, Obst, Blumen-, Rasen-Quartieren das geringste weder zu beschädigen und zu zertreten, noch Blumen und Obst oder Baumzweige und dergleichen abzubrechen und zu entwenden, auch gehören hierunter die Maiblumen und andere wilde Blumen in den Bosketts (Lustwäldchen), wie auch Vogelnester. Und damit dieses um so eher verhütet wird, sind nun Aufseher angestellt, welche darauf Acht geben und jeden Frevler sogleich zur gebührenden Strafe anhalten und anzeigen sollen. Sollte ferner von den Gebäuden, Figuren, Grotte etc. etwas gestohlen werden, so möchten die Täter nach Umständen ein oder mehrere Jahre, auch wohl lebenslang mit Festungshaft bestraft werden. Obwohl Seine Königl. Majestät allergnädigst erlauben, dass bei Seiner Abwesenheit von Oranienburg distinguierte (vornehm) und gut gekleidete Personen in den Lustgarten promenieren können, so werden auch diese sich, nach der Ordnung zu richten haben. Es wird nicht gerne gesehen, dass Lustbarkeiten, Nachtpromenaden, mit und ohne Musik, angestellt werden, dass sich jemand, auch nicht Frauenzimmer, bei dergleichen Promenaden der Röhre oder Stöcke, Sonnen- oder Regenschirme bedienen, noch weniger, dass sie etwas berühren oder Hunde mit sich führen. Ferner, dass sich jeder den Figuren etc. nicht weiter als bis auf drei Schritte nähere und dieselben nicht betaste. Auch, dass niemand auf dem Rasen, sondern auf den ausgestochenen Steigen geht, zum Ende werden alle Handlungen, wodurch die Gänge rau und uneben werden, auch Tanzen, Fechten etc. untersagt. Überhaupt hofft man, dass das zivilisierte Publikum sich der Ordnung und den Verfügungen, welche zur Erhaltung der Königl. Gebäude, Gärten, Alleen und Plantagen bereits gemacht worden sind, unterwerfen. Um so mehr, da Seine Königl. Majestät beträchtliche Kosten zu den Reparaturen und zu neuen Anlagen verwenden lassen. Jeder, worunter auch die Jungens gehören, der dawider handelt, sogleich zur Gefängnishaft gezogen und nach erfolgter Untersuchung bestraft werde."

Heute sind die Verhaltensregeln zwar weniger regide, aber trotzdem wirkungsvoll und wichtig.

Orangerie in der Schlossparknacht, 2018

Im Schlosspark

Ein Osterausflug 1911 nach Oranienburg – Spaziergang durch die Stadt

Fahrt mit dem Vorortzug nach „jwd“ – Stralsunder Straße, moderner Städtebau

Am Ostersonntag – es ist der 16. April – stehen Richard Einicke, Vorarbeiter in der Berliner Glashütte Alt-Stralau, und seine Frau Lina schon kurz nach sieben Uhr morgens auf. Sie machen sich „feiertagsfein“. Auch die beiden kleinen Töchter, Else und Gertrud, bekommen ihre neuen Kleider angezogen, die die Mutter extra für das Osterfest geschneidert hat. Lina packt noch eine warmhaltende Steingutflasche mit „Muckefuck“ (Malzkaffee) und einige Schmalzstullen als Verpflegung für die Fahrt nach „janz weit draußen“ ein. Linas Schwester Anna, sie ist seit einem Jahr Lehrerin an der Höheren Mädchenschule in Oranienburg, hat die Berliner Verwandtschaft in die Stadt mit dem kurfürstlichen Schloss an der Havel eingeladen. Für die Familie ist eine solche Fahrt mit der Vorortbahn nach Oranienburg ein seltenes Erlebnis, denn das schmale Haushaltsgeld setzt für Ausflüge mit der Eisenbahn enge Grenzen. Der Fahrpreis für die 3. Klasse beläuft sich auf 55 Pfennig. Zunächst geht es auf den Gleisen der Ringbahn vom Bahnhof „Treptower Park“ bis zum Umsteigebahnhof „Gesundbrunnen“. Schon hier erleben sie, dass das sonnige Wetter viele Gleichgesinnte zu einem Osterausflug aus den engen, dunklen Wohnquartieren in die grüne Umgebung der Reichshauptstadt animiert hat. Pünktlich um 9 Uhr verlässt der vom „Stettiner Vorort-Bahnhof“ kommende Dampfzug den Bahnhof „Gesundbrunnen“ nach Oranienburg. Lina ist es gelungen, mit den Kindern Plätze in einem Nichtraucherabteil zu bekommen, wogegen es sich Richard mit seiner Feiertagszigarre in einem Raucherabteil bequem gemacht hat. Mit großen, staunenden Augen zählen Else und Gertrud die zwölf Vorortbahnhöfe und bewundern mit ihrer Mutter die immer waldreicher werdende vorbei ziehende Landschaft mit

Bahnhof Oranienburg, um 1905 und heute

den schmucken Vorstadtvillen. Nach 56 Minuten erreicht der Zug den Endbahnhof Oranienburg. Ab 1. Mai diesen Jahres werden hier auch zwei Eilzüge für eine schnelle Anbindung an die Ostseebäder halten, informieren Aushänge.

Zusammen mit den anderen Fahrgästen gehen sie durch das 1877 aus gelben Klinkersteinen errichtete Bahnhofsgebäude und stehen auf dem Vorplatz an der Stralsunder Straße. Hier warten Kraft- und Pferdedroschken auf mögliche Kundschaft für eine Fahrt in die Innenstadt bzw. Umgebung Oranienburgs. Für unsere Ankömmlinge kommt das nicht in Frage, denn Anna steht bereits am Bahnhof, um die Gäste in Empfang zu nehmen. In Vorbereitung darauf hat die Neubürgerin den aktuellen „Führer durch Oranienburg und Umgebung“ (1911) von Max Rehberg erstanden. Den Gang zur Havelstraße, wo das Fräulein Lehrerin eine bescheidene Wohnung im Haus von Gastwirt Max Duwe (heute „Altstadtklause“) gemietet hat, will Anna für eine Stadtführung mit den nötigen Hintergrundinformationen nutzen. So nimmt sie auch nicht den kürzesten Weg über

Postkarte Restaurant Max Duwe, um 1920

Wohnhäuser an der Stralsunder Straße, 1911

die Bahnhofstraße (heute Willy-Brandt-Straße) in die Altstadt, sondern wendet sich nach rechts in die Stralsunder Straße.

Diese zeigt sich mit ihrer hohen Häuserfront im Stil des Historismus und den Balkonen zu den Gleisen der Nordbahn nicht nur als gehobener Wohnort, sondern mit ihrer Lage und den großzügigen Wohnungen auch als Beispiel zeitgemäßen Städtebaus. Wer hier wohnt oder seiner Erwerbstätigkeit nachgeht, gehört zur Mittelschicht der städtischen Gesellschaft. Die zahlreichen Geschäfte ziehen Einwohner und Besucher gleichermaßen an: Da gibt es das Hotelrestaurant „Stralsunder Hof" im Eckhaus, mehrere Lebensmittelläden und ein Zigarrengeschäft. Im Photographischen Atelier kann man sich zur bleibenden Erinnerung ablichten lassen. Auch Handwerker und Gewerbetreibende, wie ein Automobil-Fuhrgeschäft, eine Brauerei-Niederlage, eine Schneiderei und Tischlerei sowie ein Vermessungsbüro, haben sich hier niedergelassen. Eine Überraschung erlebt jeder erstmalige Besucher am Ende der Straße zur Bernauer Straße hin.

Das dortige Eckgrundstück mit seiner Bebauung scheint aus der Zeit gefallen. So ergeht es auch unseren Berlinern als sie vor dem eingeschossigen Haus mit Giebeldach aus der ersten Hälfte des 19. Jahrhunderts stehen. Es beherbergt ein Zigarrengeschäft, einen Schreibwarenladen mit Buchbinde-

Vor dem Restaurant „Stralsunder Hof", um 1930

rei und einen Frisier-Salon. Quasi als Fingerzeig auf die Nähe der Reichshauptstadt machen zwei große Reklametafeln am Giebel und Dach für die „Berliner Morgenpost“ auf sich aufmerksam. Im Eckhaus gegenüber (heute Milchbar) können Stadtbesucher im „Gasthof zur Lokomotive“ von Emilie Wolle preiswert ihren Hunger und Durst löschen. Rechter Hand leitet ein beschrankter Bahnübergang der Nordbahn die Königsallee (heute Bernauer Straße) ein, die ein neues, kompaktes Stadtviertel – Neustadt genannt – mit mehrheitlich nach 1900 gebauten Mietshäusern und Vorstadtvillen am Lehnitzsee anbindet. Die Tage des Bahnübergangs sind gezählt, denn die Gleisanlagen für den zunehmenden Eisenbahnverkehr werden um ca. vier Meter höher gelegt. Ohne den Straßenverkehr zu stören, geht der Zugverkehr dann über eine Brücke, informiert Anna aus dem Stadtführer.

Das Haus Stralsunder-/ Ecke Bernauerstraße „aus der Zeit gefallen“, um 1910

Die Bernauer Straße – über die Schlossbrücke zur „Oranienburg“

Anna wendet sich nach links, um mit ihren Gästen auf der breiten, mit gepflastertem Bürgersteig und ebensolchem Fahrdamm versehenen Wohn- und Geschäftstraße in das Stadtzentrum (Mittelstadt) zu gelangen. Die Großzügigkeit ihrer Anlage, ver-

Kaufhaus Nebe, 1920er Jahre

Blick in Richtung Osten, Einmündung Fischerstraße

bunden mit dem frischen Grün der Straßenbäume erinnert an eine Promenade. Nicht ohne Stolz weist Anna auf das gepflegte Aussehen hin, das für die meisten Straßen und Anlagen zuträfe. Fast jedes Jahr fänden Um- bzw. Neupflasterungen statt und gleichzeitig würden vorhandene morsche Bäume durch junge Stämme ersetzt. Für die auf 14000 Bürgern angewachsene Stadt soll ab dem nächsten Jahr mit dem Bau einer Kanalisation begonnen werden, teilt die „Stadtführerin“ ebenfalls mit. Zugleich ist das Nebeneinander von mehrstöckigen, neu errichteten Häusern mit aufwendigen, historisierend gestalteten Fassaden und den schlichten, höchstens zweigeschossigen Häusern ein sichtbares Zeugnis der landstädtischen Vergangenheit. So auch in der Bernauer Straße, wo aber zugleich die vielen Firmennamen auf eine aufstrebende Wirtschaft hinweisen. Neben dem auffälligen Eckgrundstück befindet sich eine Niederlassung des „A. Schaaffhausen‘schen Bankvereins“. Hier können vermögende Bürger u. a. Aktien- und Geldgeschäfte tätigen. Nur wenige Schritte weiter erreichen unsere Besucher die seit 1902 in mehreren Bauabschnitten errichtete 2. Gemeindeschule mit sechzehn Klassenräumen, prächtiger Aula und imposanter Turnhalle. Mit großer Beteiligung pflanzten die Schüler 1905 neben ihrer Schule die „Schillerlinde“. Für die Fassadengestaltung der beiden Gebäude hat der Architekt die strenge norddeutsche Backsteingotik auferstehen lassen.

Doch nicht diese Zweckbauten, wie z. B. auch das neue Postamt im Stil der Neogotik (heute Sitz der MBS) oder das Forsthaus aus der Zeit des friderizianischen Barocks von 1772, finden das Hauptinteresse der vielen Feiertags-Passanten. Es sind dies

A. Schaaffhausen'scher Bankverein

Aktien-Kapital und Reserven: 179 Millionen Mark

Gegründet » 1848 « BERLIN-CÖLN Gegründet » 1848 «

FILIALEN:

Bonn — Cleve — Duisburg — Dülken — Düsseldorf — Emmerich Godesberg — Grevenbroich — Kempen — Krefeld — Moers Neuss — Odenkirchen — Rheydt — Ruhrort — Viersen — Wesel

Die Depositen-Kasse Oranienburg

Bernauer Straße 30

befaßt sich, unter Erteilung jeder gewünschten Auskunft, mit sämtlichen in das Bankfach einschlagenden Geschäften, namentlich mit:

Depositen- und Scheckverkehr

An- und Verkauf von Effekten, Kuxen sowie von ausländischen Banknoten und Geldsorten. Aufbewahrung und Verwaltung von Wertpapieren. Beleihung börsengängiger Effekten. Versicherung verlosbarer Effekten gegen Kursverlust bei der Auslosung. Einlösung von Kupons und Dividendenscheinen. Ausstellung von Schecks und Kreditbriefen auf alle Hauptplätze des In- und Auslandes. Einräumung offener Kredite. Diskontierung von Wechseln.

Vermögens-Verwaltungsstelle

Vermietung von diebes- und feuersicheren Stahlkammerfächern (Safes) unter eigenem Verschluß des Mieters

A. Schaaffhausen'scher Bankverein

Depositenkasse Oranienburg

Der Schaaffhausen‘sche Bankverein im Adressbuch für Oranienburg, 1912/13 die österlich dekorierten Schaufenstern, die die neugierigen Blicke auf sich ziehen. So bleiben auch Annas Gäste immer wieder vor den Auslagen stehen, um die vielfältigen Angebote zu betrachten. Neben den Lebensmittel- und Delikatessenläden mit ihren Oster-Naschereien, Bäckereien und Konditoreien sowie Cafés gehören dazu u. a. ein Automobilhaus, Fahrradhandlungen, Wäsche- und Textilläden, Schuhgeschäfte, Damen- und Herrenausstatter. Dort, wo an der Kreuzung die Lehnitzstraße einmündet, stehen sich das Warenhaus von Adolph Nebe (seit 1861 in Oranienburg) und das gerade eröffnete Warenhaus Wegner & Co. gegenüber. Hier informiert sich die „Freizeitschneiderin“ Lina über die neuesten Modetrends. Richard hat neun Gaststätten mit z. T. Fremdenzimmern, Sälen und Kegelbahnen sowie sieben Zigarrenläden ausgemacht. Zur gehobenen Gastlichkeit vor Ort gehört das Hotelrestaurant „Hohenzollern“ von Paul Walter an der Ecke Liebigstraße. Die verbleibende Strecke von der Kreuzung bis zur Schlossbrücke wird nun wieder von einfachen Häusern dominiert.

Werbung des Warenhauses Adolph Nebe im Adressbuch für Oranienburg, 1912/13

Doch gewissermaßen als Kontrapunkt und gewollte architektonische Konkurrenz zum Schloss jenseits der Havel, beenden die beiden hohen Häuser rechter Hand mit dem überbordenden neobarocken Fassadenschmuck die attraktivste Einkaufsstraße der Stadt. Nachfolgend eröffnet sich von der 1900 gebauten Schlossbrücke eine umfassende Sicht auf die Altstadt mit dem Luisenplatz und den ihn umgebenden Gebäuden. Doch vorher geht der Blick nach Süden auf den 1910 begradigten Havellauf, wo am Havelufer das Restaurant „Louisenbad“ von Auguste Kitzerow steht. Das lukrativ gelegene Gartenlokal bietet nicht nur leibliche Genüsse an, sondern lädt auch zum Baden in der Havel und zu Schiffsfahrten ein. Mit der Reederei von Fritz Kälber kann man von hier aus u. a. in die Ruppiner Schweiz, zum Werbellinsee und mit zwei Elektrobooten zum Lehnitzsee fahren.

So nimmt es nicht Wunder, dass das sonnige Wetter einen großen Teil der Ausflügler sofort hier hin zieht. Auch unsere Berliner wären gerne gefolgt, jedoch geht Anna zielstrebig auf den schlossseitig gelegenen Bürgersteig des Luisenplatzes, um von dort einige erklärende Worte zum Schloss und der historischen Bebauung zu sagen.

Über die Schlossbrücke zum Luisenplatz, vor 1914 (links)

Restaurant Louisenbad an der Havel, um 1906

Schloss und Luisenplatz – „Juwelen" der Stadt

Sie beginnt mit dem Schloss, dessen Entstehung mit wenigen Sätzen aufgezeigt werden kann. Kurfürstin Louise Henriette veranlasste ab 1651 den Bau mit Anlehnungen an den niederländischen Barock. Damit ist es das älteste noch bestehende Barockschloss in der Mark Brandenburg. Ihr Gemahl, Kurfürst Friedrich Wilhelm, bezeichnete es 1652 als „die Oranienburg" und ein Jahr später nahm der Magistrat den Namen in das Stadtsiegel auf. Der Sohn von Louise, Kurfürst Friedrich III., gab mit seinen umfangreichen baulichen Aktivitäten dem Schloss sein heutiges Aussehen. Das Andenken an die geliebte Mutter, aber auch an sich selbst, ließ er mit einer vergoldeten, in Latein gehaltenen Inschrift am Mittelbau verewigen. „Dies von der besten Mutter, Prinzessin Louise, erbaute und durch den Namen ihres Geschlechts ausgezeichnete Schloss hat der Kurfürst Friedrich III. zum Gedächtnis der sehr frommen Mutter erweitert, geschmückt, vermehrt. 1690", liest Anna ihren beeindruckten Gästen aus dem Stadtführer vor. Der fehlende Vorderflügel auf der Havelseite ist die Folge eines Brandes im Jahre 1842. Die barocke Baukunst und die umliegenden Anlagen machen das Schloss und den Luisenplatz zum Juwel der Stadt (so Rehberg in seinem Stadtführer).

Seit fünfzig Jahren befindet sich hier das „Königlich Evangelische Lehrerseminar", das künftige Volksschullehrer mit dem notwendigen Wissen ausstattet. Zum reichen Bewuchs des Vorhofes gehört auch der „Luther-Baum" (ein Nussbaum), den die

Kriegerdenkmal für die Reichseinigungskriege, 1902

Seminaristen zum 400. Geburtstag des Reformators in der nordöstlichen Ecke gepflanzt haben. Mit dem Blick auf den Luisenplatz erläutert Anna nun die Randbebauung, abgehende Straßen und Denkmäler.

In direkter Fluchtlinie von der Berliner Straße zum Schlosseingang steht das Kriegerdenkmal für die Reichseinigungskriege. Mit den freiwilligen Beiträgen der Einwohner fand es 1883 hier seine feierliche Aufstellung. Auf einer fünf Meter hohen Säule steht die römische Siegesgöttin Victoria mit Siegerkranz und Palmenzweig. Kunstvoll verschlungene Lorbeer- und Eichengirlanden umschließen das Stadtwappen in der Mitte der Säule. Auf der Vorderseite des Sockels ist eine Tafel mit den Namen der zu Tode gekommenen Einwohner angebracht. Lässt man seinen Blick zur Havel schweifen, so fällt sofort ein Baum auf, deren kraftvolles Geäst eine ausladende Krone bildet. Seine Pflanzung erfolgte als „Friedenseiche" am 18. Oktober 1818, dem 5. Jahrestag der Völkerschlacht bei Leipzig. Südlich davon, beginnend von der Havel bis hin zur Berliner Straße, sehen wir nebeneinander das schon erwähnte Gartenlokal, die 1. Gemeindeschule (1704 als Amtshaus errichtet) und die Gebäude der städtischen Fortbildungsschulen. Die Berliner Straße, eine Wohn- und Geschäftsstraße mit schnellem Verkehr, hat Kurfürst Friedrich III. um 1695 in gerader Ausrichtung zum

Berliner Straße in Richtung Schlossplatz, 1914

Neobarockes Amtsgericht von 1907

Innenraum der Oranienburger Synagoge, vor 1938

Schlossgrundriss als direkte Verbindung zu seiner Berliner Residenz anlegen lassen.

Daher trug sie in der Vergangenheit zeitweilig die Namen Königs- oder Friedrichstraße. Da Anna nicht in die Berliner Straße gehen möchte, stellt sie Erwähnenswertes aus ihrem Stadtführer vor. Ein Hinterhaus in der linksseitig abgehenden Havelstraße beherbergt seit 1838 die Synagoge der „Schutzjuden Juden-Commune“ der Stadt. In der nachfolgend, ebenfalls zur Havel hin abgehenden Poststraße (heute Adolf-Dechert-Straße) steht das eindrucksvolle Gebäude der Präparandenanstalt. Sie ist die Vorbereitungsschule für die angehenden Seminaristen des Lehrerseminars im Schloss. Gehen wir zurück auf die östliche Straßenzeile der Berliner Straße, so kommen nach wenigen Metern die Gebäude des 1907 eingeweihten Amtsgerichts und des Rathauses II, in dem sich das Polizeibüro, das Standesamt und das Stadtbauamt befinden.

Beachtenswert am neu errichteten Amtsgericht ist nicht nur seine neobarocke Ausführung, sondern auch das an der Fassade des Treppenhauses angebrachte Relief, welches den heiligen Ritter Georg im Kampf mit dem Drachen darstellt. Vielseitige Angebote macht das Restaurant „Kaiserhof“ von Wilhelm Waldow. Neben der gehobenen Gastronomie kommen dazu Kegelbahnen, ein Sportplatz, Vereinszimmer, ein großer Biergarten, eine Kaffeeküche und Sommerwohnungen. Regelmäßig gibt es Aufführungen des Stadttheaters in einem der großen Säle. Nach diesem Auszug aus dem Stadtführer wendet sich Anna nun wieder dem vor ihnen liegenden Luisenplatz zu.

Zum historischen Rathaus der Stadt schauen sie auf das in seiner Mittelachse mit einem Uhrenturm bekrönte, reizvoll anzusehende Gebäude zwischen Berliner und Breite Straße gegenüber dem Schloss. Auf dem Uhrenturm dreht sich eine Wetterfahne mit dem Fischsymbol aus dem Stadtwappen im Wind. Das 1711 eingeweihte Rathaus hat die Stadt 1817, mit Ausnahme des Rathaussaales im Obergeschoss und des Uhrenturms, in Erbpacht gegeben, später dann ganz verkauft. Unterhalb des gewalmten Mansardendaches erstreckt sich eine, über die ganze Breite gehende, siebenteilige hohe Fensterreihe. Dahinter befinden sich der Stadtverordnetensaal und die Volksbibliothek. Das Untergeschoss hat die Räumlichkeiten des Restaurants und Hotels Eiler (Name des ersten Besitzers) aufgenommen. Die Lage im Herzen der Stadt macht es zu einem Anziehungspunkt, wo schon Theodor Fontane 1861 entspannt auf der Terrasse saß, als er seine Notizen über Schloss und Stadt machte.

Vom Luisenplatz in die Breite Straße

Richten wir nun unsere Aufmerksamkeit auf die westliche Seite des Platzes. Beherrschend ist hier das von der Oranienburger Bürgerschaft mit dem Gefühl größter Dankbarkeit gestiftete und 1858 feierlich enthüllte Standbild der Kurfürstin Louise Henriette, die nicht nur den Schlossbau bestimmte, sondern mit ihrem fürsorgerischen und wirtschaftlichen Handeln der Stadt zu einem glücklichen Neuanfang verhalf.

Denkmal für Louise Henriette vor dem Schlossparkportal, nach 1900

Die Fürstin ist dargestellt, wie sie im Begriff ist, die Stiftungsurkunde für das Waisenhauses darzubieten. Den Kopf modellierte der Bildhauer Wilhelm Wolff in Anlehnung an das Bild „Allegorie auf die Gründung Oranienburgs“, das sich im Waisenhaus (heute im Schloss-Museum) befindet. Den prächtigen Hintergrund zu dem mit einem eisernen Zaun eingefassten Denkmal bildet das von mächtigen Bäumen überschattete Schlossparkportal. Es entstand 1690 im Zuge der baulichen und künstlerischen Vervollkommnung der Schlossanlage. Auf den robusten Torpfeilern ruhen weibliche Sandsteinfiguren, den Sommer (rechts) und den Herbst symbolisierend. Die Torflügel sind mit aufgelegten Palmen- und Lorbeerzweigen geschmückt. Auch die Frage nach dem oben befindlichen „Hut“ kann Anna beantworten: Es ist der Kurhut des Kurfürsten von Brandenburg. Das Osterfest lockt viele Gäste und Einheimische in den Schlosspark, wo sie unter dem noch jungen Blätterdach alter Buchen, Linden, und Eichen, entlang des Hauptweges, die frühlingshafte Natur genießen können. Das üppig und wild wachsende Unterholz bietet den zahlreichen Singvögeln willkommene Brutstätten, wofür diese sich mit lautem Gesang bedanken. Ruhebänke, gespendet vom Verschönerungsverein, laden zum erholsamen Verweilen ein. Doch danach steht unserer Gruppe nicht der Sinn und sie schreitet vorbei an vier große Linden, die mit ihren Standorten ein Viereck bilden.

Freigelegter Knüppeldamm der Breiten Straße aus dem 14./15. Jahrhundert (Foto 2007). Links die Front des Amtshauptmannshauses

Dieses umreißt die Stelle, wo in der Nacht vom 26. zum 27. Juli 1810 der Sarg mit dem Leichnam der Königin Luise im Zuge der Überführung nach Berlin unter einem mit schwarzem Tuch verkleideten Bretterhaus gestanden hat. Unmittelbar daneben folgt ein einfaches Bürgerhaus aus der Zeit um 1770. Es war die Wohnstätte des Hofgärtners und seines Gehilfen. Seit 1884 gehört der Bankiersfamilie Blumenthal das Haus, die hier die erste Oranienburger Privatbank gründete. Die zwei Prellpfähle an den Seiten der Eingangstreppe sind Röhren von der von König Friedrich I. (vor 1701 Kurfürst Friedrich III.) angeordneten Wasserleitung für die Springbrunnen im Schloss und im Lustgarten Nur wenige Schritte davon, am Spritzenhaus der Freiwilligen Feuerwehr vorbei, öffnet sich die Breite Straße.

Sie hat ihren Ursprung als Handelsstraße bereits in slawischer Zeit und gehört mit der Havelstraße zu den ältesten Straßen der Stadt. Nach dem Stadtbrand von 1671 erhielt sie von Kurfürst Friedrich Wilhelm mit der Verbreiterung nach Osten hin ihre jetzige Breite. Versehen mit der Hausnummer 1 befindet sich hier das Rathaus I mit sämtlichen städtischen Kassen, u. a. der Städtischen Sparkasse, für die im Erdgeschoss gerade ein Tresorraum eingebaut wird. Das Gebäude, von der Stadt 1851 käuflich erworben, entstand kurz nach 1690 im Auftrag von Kurfürst Friedrich III. als Amtshauptmannshaus. Der Vorgängerbau von 1657 geht noch auf

Blick in die Breite Straße, vorn rechts Nr. 2

Gasthof „Zur Traube“, um 1935

das Wirken der Kurfürstin Louise Henriette zurück. Rehbergs Stadtführer teilt mit, dass die städtische Verwaltung aus ihren beiden Standorten bald in einen stattlichen Neubau einziehen wird. Auch an den beiden Häuserzeilen der Breiten Straße lässt sich anschaulich Stadtgeschichte ablesen. Da ist z. B. das dreigeschossige Miet- und Geschäftshaus mit der Hausnummer 2 von Nadlermeister Friedrich Schwittau, errichtet 1878, nun im Stil des Historismus aus dem Jahre 1898. Jetzt betreibt sein Sohn Fritz hier eine Spiel- und Wollwarenhandlung. Drei mit ihren Giebeln an der westlichen Straßenseite stehende zweigeschossige Bürgerhäuser sind die letzten Zeugnisse bürgerlicher Bauten aus der Zeit vor dem Stadtbrand von 1671. Ein Giebelschmuck, wie in der Zeit des Barocks üblich, ist hier zwar nicht mehr ersichtlich, jedoch zeigen sie noch immer ein Abbild der Stadt in kurfürstlicher Zeit. Vor dem ersten Giebelhaus mit Fachwerk, geht die Kanalstraße ab, die ihren Namen der Weiterführung bis zur Stadtbrücke über den Oranienburger Kanal in den 1830er Jahren verdankt. Angelegt worden ist sie nach 1718 als Neustadtstraße, um die von König Friedrich Wilhelm I. verfügte Neustadtsiedlung zu erschließen. In die Breite Straße hat es Gewerbe und Geschäfte vielfältigster Art, von der „Destillation und Weingroßhandlung der Gebr. Tramba“ bis zu „Kaisers Kaffeegeschäft“, gezogen.

Ins Auge fällt jedoch die Anzahl der Gaststätten auf der westlichen Seite dieser relativ kurzen Straße. Da ist im zweiten Giebelhaus die einfache Schankwirtschaft von Otto Lehmann. Übernachten könnten unsere Berliner im darauf folgenden Hotel „Zum Kronprinzen“ von Julius Werner. Wieder ein

Haus weiter lädt Albert Fromm in seinen „Gasthof zum Oranienburger Stadtwappen“ ein. Freunde gemütlicher Atmosphäre zieht es in den traditionsreichen Gasthof „Zur Traube“ von Otto Hoffmann. Der Gasthof befindet sich im letzten Giebelhaus.

Am Ende der Altstadt – die Havelstraße

Nun sind es nur noch wenige Schritte bis zur Einmündung in die Havelstraße. Hier zieht die breite, zweigeschossige Hausfront, ausgerichtet auf das Schloss, des Waisenhauses die Blicke auf sich. Kurfürstin Louise Henriette hat es als fromme Stiftung für 24 bedürftige Waisen 1665 eingeweiht. Unsere Besucher schauen auf einen Nachfolgebau aus dem Jahr 1675, denn das ursprüngliche Gebäude fiel ebenfalls dem schon erwähnten Stadtbrand von 1671 zum Opfer. Die Fassade aus roten Klinkersteinen mit den rechteckigen, hohen Fenstern und den darunter befindlichen gelben Gewinden aus Blättern und Früchten im Oberschoss lehnt sich deutlich an die niederländische Baukunst an. Zwei eingelassene Monogramme CL (sie stehen für Churfürstin Louise) in der oberen Fensterreihe und das oranische Wappen über der Eingangstür weisen auf die Stifterin und deren dynastischen Herkunft hin, doziert Anna. Noch in diesem Jahr soll das Gebäude stilgerecht um zwei Achsen nach Osten hin erweitert werden.

Kurfürstliche Waisenhaus-Stiftung. Nachfolgebau von 1675

Anna lenkt die Blicke ihrer Gäste weiter auf das Bürgerhaus links neben dem Waisenhaus. Es stammt aus dem 18. Jahrhundert und zeigt mit dem großen Tor zum Hof an, das hier einer der nicht we-

Fassadendetail am Waisenhaus

Evangelische Stadtkirche St. Nicolai, 1916

nigen Stadtbauern gelebt hat. Beachtenswert ist auch der eiserne Türklopfer. Das auf der anderen Seite der Havelstraße liegende Eckhaus zur Breiten Straße beherbergte bis zum Umzug an die Havel 1834 die Schule. Daneben das frühere Pfarrhaus der Reformierten Kirche. Schauen wir nun wieder hinüber, so sehen wir ein schlichtes, eingeschossiges Wohnhaus mit dunkler Klinkersteinfassade, einfacher Fensterreihe und hohem Giebeldach. Vor uns haben wir das alte evangelische Pfarrhaus aus dem Jahre 1805, an das sich die 1866 eingeweihte Stadtkirche St. Nicolai unmittelbar mit ihrer hinteren Ecke der Apsiswand anfügt. Anfänglich diente es als Wohnstätte des lutherischen Pfarrers, ab 1819 des Pfarrers der Evangelischen Kirche der altpreußischen Union. In diesem Augenblick ertönen die Glocken von St. Nicolai und zeigen das Ende des Gottesdienstes zum Ostersonntag an. Die Kirchentür öffnet sich und Pfarrer Rudolf Franckh verabschiedet die zahlreichen Gottesdienstbesucher, die schnell den Kirchenvorplatz füllen und ihren Heimweg in alle Himmelsrichtungen antreten.

Anna nimmt das sichtbare Gemeindeleben zum Anlass, um noch Wissenswertes uber das Gotteshaus mitzuteilen. Es entstand 1864–66 nach Plänen von König Friedrich Wilhelm IV. unter der Leitung des Oberbaurates Friedrich Stüler als eine dreischiffige Emporenbasilika mit einem lichtdurchfluteten In-

Blick auf den Neuen Platz, um 1914

nenraum. Der Altar befindet sich unter einem Baldachin. Im 60 Meter hohen Turm hängen drei Glocken mit den Namen „Zuversicht“ (die Große Glocke, ein Geschenk des Königs), „Liebe“ und „Hoffnung“. Als Baumaterial dienten vorwiegend gelb gebrannte Klinkersteine aus Birkenwerder. Unmittelbar hinter der Kirche verläuft ein Weg, Kirchgraben genannt, zur Berliner Straße hin. Er folgt den nach 1866 zugeschütteten Stadtgraben, der als Teil der mittelalterlichen Stadtbefestigung seinen Lauf von der Havel um das Schloss, durch den späteren Schlosspark, über die Havelstraße durch die Poststraße bis zur Havel nahm. Beim Übergang der Havelstraße über den Stadtgraben, in unmittelbarer Nähe zur Kirche, befand sich das Nauener Tor. Die Berliner Straße überquerte ihn ebenfalls mit einer Brücke. Dieser Eingang zur Stadt hieß Berliner Tor. Anna hat ihre Gäste gegenüber dem Kirchplatz am Rand des Neuen Platzes (heute Bötzower Platz) platziert.

Der Neue Platz entstand 1838 im Ergebnis eines Schadensfeuers, das die vorhandene Bebauung zer-

Haus am „Bötzower Stadtgraben“

Kirche mit Bürgerhaus um 1800

Blick zum Bahnhof Lehnitz, links das Restaurant „Lehnitzsee“, vor 1906

störte und so eine Freifläche hinterließ. Von hier hat man nicht nur eine umfassende Sicht auf St. Nicolai, sondern auch bis zum Ende der Havelstraße am alten städtischen Turnplatz (heute Kreisverkehr). Nach dem Kirchplatz folgt noch ein eingeschossiges Bürgerhaus aus der Zeit um 1800 mit der Fleischerei von Emil Schwabe. Ehemals gehörte es zu einer Meierei. (Rehberg: „Körbersche Meierei) Mit Erleichterung machen Annas Gäste nun das eigentliche Ziel ihres schon nahezu drei Stunden andauernden Ganges durch die Stadt aus: das Gasthaus von Max Duwe. Doch bevor sie hier einkehren, führt sie Anna noch ein paar Schritte weiter zu einem zweigeschossigen, schön anzusehenden Haus (heute Volkshochschule) mit einem Krüppelwalmdach aus der zweiten Hälfte des 18. Jahrhunderts. Hier hat die Forstkasse des Königlichen Domänenfiskus’ in Potsdam ihren Sitz. Danach geht es zurück zu Annas neuem Zuhause, wo sie bei ihrem Vermieter ein Mittagessen zum Osterfest bestellt hat. Nach einer längeren Erholungspause im schattigen Garten wollen die Berliner die Heimfahrt antreten. Dafür hat Anna noch eine kleine Überraschung geplant. Vorher gibt es noch eine Kaffeezeit im Gartenlokal vom „Louisenbad“ an der Havel. Danach folgt mit einem Elektroboot eine Fahrt über die städtische Havel bis zum Lehnitzsee.

Nach einer Seenrundfahrt steigt die Familie an der Anlegestelle des Restaurant „Lehnitzsee“ aus. Von hier sind es nur wenige hundert Meter bis zum Bahnhof Lehnitz. Pünktlich um 18.19 fahren sie mit vielen anderen Ausflüglern zurück nach Berlin. Am 20. April berichtet der Briesetal-Bote von 730 abgenommen Fahrkarten in Lehnitz am Ostersonntag.

Ehemalige Forstkasse, heute Kreisvolkshochschule, 2017

Von „Brückenpoesie“ und einem „Brückenelefanten“ – der Neubau der Schlossbrücke 1934

Oranienburg an der Havel ist eine Stadt der Brücken. Für die Landesgartenschau 2009 und der damit verbundenen Neugestaltung des Schlossplatzes hat die Stadt seit 2008 eine neue Schlossbrücke über die Havel. Ein Blick in die Geschichte der Vorgängerinnen bietet sich also an.

Die hölzerne Klappbrücke vor dem Schloss, Ausschnitt aus einer Postkarte, vor 1900

Bei weitem nicht so imposant wie die Namensvetterin in Berlin, wuchs den Oranienburgern im Verlauf der Jahrhunderte ihre Schlossbrücke ans Herz. Über sie erreichte oder verließ man die Altstadt mit dem schönsten Platz. Ihre hölzerne Konstruktion entsprach dem natürlichen Reiz der sie damals umgebenden Havellandschaft. Immer wieder wurde sie den sich verändernden Anforderungen angepasst, wie man den historischen Ansichten entnehmen kann. 1823 ersetzte man die Balkenzugbrücke durch eine Klappbrücke. Noch Jahrzehnte später, anlässlich des 100. Jubiläums der am Luisenplatz gelegenen 1. Gemeindeschule im Jahre 1934, berichtete ein alter Oranienburger nicht ohne Wehmut über seine Schulzeit, als die geöffneten Klappen der Zugbrücke zur Entschuldigung für das Zuspätkommen so manchen Schülers herhalten mussten. Bis in unsere Tage hinein verbindet die Schlossbrücke nicht nur die Alt- mit der Mittelstadt, sondern sie ist zugleich Bestandteil einer wichtigen überregionalen Verkehrsverbindung. Gerade die letzte Funktion war aber Ursache für den Einsatz von Stahl und damit für den Verlust ihres romantischen Aussehens zu Beginn des vorigen Jahrhunderts. Für einen notwendigen Brückenneubau hatte bereits am 1. Juli 1892 eine Verkehrszählung an der Havelbrücke stattgefunden. Danach überquerten 6 894 Fußgänger und 664 Fuhrwerke den Havelübergang. Die Stadtväter sahen daraufhin Handlungsbedarf und entschlossen sich für einen Brückenneubau.

Zwei Zeitalter treffen aufeinander: Die hölzerne Schlossbrücke und ihre stählerne Nachfolgerin kurz vor der Fertigstellung, 1900

Als im Jahr 1900 die idyllische Klappbrücke einer nüchternen, großen Stahlkonstruktion weichen musste, um den anwachsenden Fahrzeug- und Fußgängerverkehr aufnehmen zu können, da kochte die Oranienburger Volksseele nachhaltig über die nach ihrer Meinung begangene Geschmacksentgleisung. Welche emotionale Bedeutung die Schlossbrücke für die Stadt besaß, spiegelt die in den folgenden Jahrzehnten entstandene „Brückenpoesie“ eindrucksvoll wider. Das „Niederbarnimer Kreisblatt“ begann bereits im Jahr der Errichtung mit einem Gedicht. Hier ein Auszug:

O weh, wie bist du geschmacklos
für Menschen, wenn diese dich sehn!
So baut man im Walde, wo sonst bloß
die Hasen und Häsinnen gehn.
Die Fürstin Luis‘ Henriette
sieht gar nicht die eiserne an.
O dass sie noch lebte, sie hätte
zerrissen des Baumeisters Plan.

„Ungeliebte“ Schlossbrücke, vor 1910

Auch die Festschrift zur 700-Jahrfeier Oranienburgs kritisierte 1932 die „stilistisch in keiner Weise zum Schlosse passende Schlossbrücke“ und forderte ihre Ersetzung durch eine dem Schloss angepasste Steinbrücke. Ende des Jahres 1933 verdichteten sich die Berichte in der örtlichen Presse über einen bevorstehenden Brückenneubau. Die ausführliche Berichterstattung des „Oranienburger Generalanzeigers“ (zwangsintegriert im „Niederbarnimer Kreisblatt“) vom Beginn des Jahres 1934 bis zur Eröffnung der Brücke erlaubt uns einen chronologischen Einblick in die Vorbereitungen und Baudurchführung. Danach wurde es am 1. Februar richtig ernst. An diesem Tag fand eine Konferenz aller am Brückenbau beteiligten Behörden und Firmen statt. Die Bauleitung übernahm das Wasserbauamt Eberswalde. Für diesen Zweck wurde im Schloss ein örtliches Baubüro eingerichtet. Das Stadtbauamt Oranienburg zeichnete für alle städtischen Baumassnahmen verantwortlich. Dazu gehörten auch alle Straßenbauarbeiten. Die eigentliche Stahlkonstruktion der neuen Brücke sollten die brandenburgischen „Lauchhammer-Werke“ ausführen. Die Arbeiten für die notwendigen Versorgungsverbindungen übernahmen die Niederbarnimer Gasgesellschaft, das Telegraphenbauamt Eberswalde und das Elektrizitäts- und Wasserwerk Oranienburg. Im Ergebnis der Zusammenkunft wurde aber auch deutlich, dass die Entscheidungen über Ausführung und Finanzierung des Projekts für die Stadt nicht nur günstig ausgefallen waren. Das bezog sich in erster Linie auf den erhöhten städtischen Anteil an den Baukosten für die Verwirklichung verkehrstechnischer und architektonischer Vorstellungen von Seiten der Stadt und des Provinzialkonservators. Hier hatte den Stadtvätern besonders die Begradigung der schiefen Brückenführung über die Havel am Herzen gelegen. Dagegen sprach eine von den Regierungsbehörden favorisierte günstigere Einbindung der Straßenführung in die Berliner Straße. Entgegen kam man der Stadt bei der architektonischen Konstruktion der Brücke. Auf die unschönen Gitterträger und den in die Höhe ragenden Stahlbögen, die der alten Brücke nach Auffassung der Oranienburger den unpassenden Charme einer Eisenbahnbrücke in unmittelbarer Nähe zum Schloss gegeben hatten, wurde verzichtet. Die sichtbare Stahlkonstruktion sollte eine schlanke Balkenform erhalten. Dafür verursachte die an der Unterseite der Brücke anzubringende Trägerkonstruktion eine Erhöhung um 40 Zentimeter. Die notwendige Anhebung der Straßenführung auf beiden Seiten musste zu Lasten der Stadtkasse (ca. 40 000 RM) gehen. Die Ursachen dafür lagen in der Vergangenheit. Bereits beim Neubau der hölzernen Brücke um 1890 hatte die Regierung der Provinz Brandenburg die Unterhaltung der Provinzstraße an die Stadt abgelöst. Von dem erhaltenen Geld hatte die Stadtverwaltung damals kleine Häuser entlang der Havel zum Abbruch aufgekauft. Der geplante Brückenbau geriet für die Stadt unter Zeit- und Kostendruck, denn die Finanzierung des städtischen Anteils sollte im Rahmen des so genannten „Reinhardt-Programms“ (benannt nach dem Staatssekretär im Reichsfinanzministerium Fritz Reinhardt) geschehen, das nur noch bis zum 30. Juni genutzt werden konnte. Es bestand aus einem Bündel steuerpolitischer Maßnahmen mit dem Ziel der Arbeitsbeschaffung. Die „Lauchhammer-Werke“ mussten sich darum verpflichten, die Eisenkonstruktion bis zum 1. Juni fertig zu montieren. Eine zunächst ins Auge gefasste Behelfsbrücke scheiterte ebenfalls an der Kostenfrage. So sollte dann der Fußgängerverkehr über den Louise-Henrietten-Steg bzw. der Fahrzeugverkehr über die heutige Saarland-Brücke (1934 noch Drope-Brücke, benannt nach dem Grundstücksbesitzer) umgeleitet werden.

Louise-Henriette-Steg, um 1910

Auf eine Wiederverwendung der abmontierten alten Brückenteile für den Louise-Henrietten-Steg wollte die Stadt wegen deren „Hässlichkeit“ verzichten. Bis zum 22. Februar war auf der Seite der Bernauer Strasse ein Bauzaun gezogen, der den gesamten Verkehr von nun an unterband. Zunächst nahm die „Straßenbau-Firma Rummel“ die Brückenpflasterung auf, die sofort von einem bereitstehenden Kahn abtransportiert wurde. Für den Rückbau der alten Brückenkonstruktion errichteten Montagearbeiter mit Winden und Flaschenzügen einen 25 Meter hohen Kran. Sein Ausleger besaß eine Tragfähigkeit von 25 Tonnen. Unter der von dem Kran angehobenen Brücke platzierte man Balken mit Schienen. Auf diesen Schienen lief ein kleiner, aber außerordentlich stabiler Wagen, der das Hinüberziehen der Brücke auf den Luisenplatz ermöglichte.

Am 14. März ging die Brücke unter den neugierigen Blicken vieler Schaulustiger auf ihre kurze

Rückbau der Brückenbögen

Wanderschaft. Um ein Abkippen der in Bewegung befindlichen Brücke zu verhindern, wurde ihre Landseite beschwert und die Wasserseite so leicht wie möglich gemacht. Immer wieder musste der Transport unterbrochen werden, weil der Kranausleger sich genau senkrecht über seiner Last befinden musste. Am nächsten Tag hatte sich das Schwergewicht der Brücke zur Uferseite des Luisenplatzes hin verlagert. Unter den jetzt noch frei schwebenden Brückenteilen lag ein Kahn vor Anker für die Aufnahme der abgebauten Teile. Bereits am 17. März zerschnitten Arbeiter, „es müssen wahre Akrobaten sein“ (so im Zeitungsbericht), die Stahlkonstruktion für den Abtransport. Hierbei kam es zu einem Unfall, der einem Arbeiter den großen Zeh kostete. Das Zischen der Schweißbrenner wurde noch übertönt vom Dröhnen der Presslufthämmer auf der Ostseite (Bernauer Straße). Dort trug die Firma Christoph die aus Beton bestehende Oberfläche der Brückenauflage (Widerlager) ab. Die Härte des Betons ließ den Abriss der alten Widerlager nur langsam vorangehen, so dass nach dem Osterfest mit Doppelschichten weitergearbeitet werden musste. Zugleich taten sich mit dem Abriss neue finanzielle Hürden für die Stadt auf, denn in der Finanzierung aus dem „Reinhardt-Programm“ standen keine Mittel für den Bau von Brückenauflagen zur Verfügung. Nach zähen Verhandlungen im Reichsfinanzministerium wurde

Wandernde neue Brückenkonstruktion in Richtung Bernauer Straße

der Stadt dafür ein Kredit zugesagt. Um den Verkehr über die Saarland-Brücke von leichten Fahrzeugen zu entlasten, eröffnete das Wasserbauamt im April an der Fischerstrasse einen Fährbetrieb über die Havel. Wer den Umweg über den Louise-Henrietten-Steg nicht machen wollte, konnte nun zu Wasser das jeweils andere Ufer erreichen. Als Aprilscherz stellte sich dagegen die Mitteilung des Generalanzeigers heraus, dass die Post für besonders Unternehmungslustige sogar eine Schwebebahn einrichten wolle. Am 9. Mai vollendete eine Betonfirma die neuen, breiteren Widerlager. Die Stahlteile der neuen Brücke wurden mit einem Havelkahn herangebracht. Wieder hatten sich viele Oranienburger eingefunden, die das Ausladen und den Transport zum Luisenplatz, dem Montageplatz der neuen Brücke, beobachteten. Dabei kamen Handwinden zum Einsatz, an denen zeitweise vier Arbeiter drehten. Mitte Juni begann die Montage der neuen Brücke. Konnten die Kinder beim Bau der ersten Stahlbrücke die Niethammerschläge noch mitzählen, so war das bei den mit Pressluft betriebenen Hammerschlägen nicht mehr möglich. Für einen ¾ Zoll-Niet benötigte der Presslufthammer 14 Sekunden. Der Preis für das um ein Vielfaches schnellere Nieten war eine unerträgliche Lärmbelästigung. Obwohl unter Termindruck geraten, musste darum auf das Nieten in den Nachtstunden verzichtet werden. Wieder kam

es zu Arbeitsunfällen: drei Arbeiter zogen sich Verbrennungen zu, einem sprang beim Schlagen ein herausgesprungener Dorn an den Kopf. Ende Juni meldete der Generalanzeiger die voraussichtliche Verzögerung der Fertigstellung. Schuld daran war – schon damals – das Wetter! Eine lang anhaltende Dürre hatte den Wasserstand der Havel so weit absinken lassen, dass der Kahn, der die fertige Brücke für ihre Fahrt zum Ostufer aufnehmen sollte (Tragfähigkeit 295 Tonnen), nicht nahe genug an das Westufer herankam. Auf zwei in die Havel gerammten Pfählen sollte die Brücke nun erst einmal einen Zwischenhalt machen. In den folgenden Tagen, bis zum 4. Juli, trat der Brückenneubau in seine ingenieurtechnisch schwierigste Phase.

Höherlegung und Neugestaltung des Luisenplatzes

Langsam, Zentimeter für Zentimeter, bewegte sich die Brückenkonstruktion vom Westufer auf das Ostufer zu. „Die Schlossbrücke ist jetzt wieder im Marsch“ gab der Generalanzeiger seinen Lesern bekannt. Winden zogen die Brücke mit einer Geschwindigkeit von annähernd fünf Metern in der Stunde in Richtung Bernauer Straße. Der Kahn, der das zur Bernauer Straße gerichtete Brückenteil aufnahm, war zunächst mit Ballastwasser abgesenkt worden, so dass er dann durch Abpumpen des Wassers im Ansteigen mit einem Eisengerüst die Brücke hoch drücken konnte. Am Abend des 3. Juli befand sich die Brücke fast zur Hälfte über dem Havelbett.

Um allen Risiken zu begegnen, verbolzte man die Brücke nach Einbruch der Dunkelheit fest mit dem Gerüst. Zusätzlich sollten zwei auf dem Luisenplatz befestigte Erdanker ein ungewolltes Abgleiten der Brücke verhindern. Am darauf folgenden Abend, um 19.30 Uhr, ruhten dann beide Brückenenden

Belastungsprobe der neuen Schlossbrücke

auf Holzgerüsten, die sich auf den neuen Widerlagern befanden. Mit zwei kleinen Birkenbäumchen geschmückt, überspannte sie nun mit einem leuchtend roten Farbanstrich die Havel. Das Absenken der Brücke geschah an den folgenden beiden Tagen. Mit Öldruckpumpen jeweils wenige Zentimeter angehoben, nahm sie nach dem stückweisen Wegnehmen der Kanthölzer langsam ihre exakte Position auf den Widerlagern ein. Ungeduldige Fußgänger, die die offizielle Einweihung der neuen Brücke offenbar nicht abwarten konnten, überschritten sie bereits am Wochenende. Auch am Montag ging dieser „illegale“ Fußgängerverkehr weiter und behinderte die Arbeiten. Die Stadtverwaltung sah sich daraufhin veranlasst, in einer amtlichen Mitteilung auf mögliche strafrechtliche Folgen hinzuweisen. Am 18. Juli 1934 wurde der letzte Niet in das Buckelblech des Unterbaus geschlagen. Damit konnte die Fertigstellung der Fahrbahn und der Fußgängerwege in Angriff genommen werden. Zeitgleich begannen die Arbeiten zur Umgestaltung des Luisenplatzes.

Die Veränderungen gegenüber der alten Brücke hatten dies notwendig gemacht. Die neue Havelüberführung war 40 Zentimeter höher gelagert und 3,5 Meter breiter geworden. Um eine bessere Straßenanbindung in die Berliner Straße zu erreichen, hatte man die Brücke etwas nach Norden verschoben. Dadurch rückte der nördliche Bürgersteig des Luisenplatzes so nahe an das Schloss heran, dass das dort stehende Kriegerdenkmal für die Gefallenen der Reichseinigungskriege auf den Mittelstreifen der Breiten Straße versetzt werden musste.

Einweihung der neuen Schlossbrücke auf dem Luisenplatz am 23. August 1934

Aber auch das Louise-Henriette-Denkmal konnte nicht auf seinem ursprünglichen Platz bleiben. Es zog vor den Südflügel des Schlosses. Noch einmal sollte es richtig spannend werden. Ein Elefant sorgte für Aufregung im Oranienburger Brückenbau. Aus dem dort gerade gastierenden Zirkus Hagenbeck kommend, hatte er einen Ausflug über die Brücke gemacht. Danach fand man Haarrisse im Unterbeton der Brückenkonstruktion. Der anfängliche Verdacht gegen den Elefanten stellte sich jedoch als falsch heraus. Der Spaziergang blieb für Elefant und Brücke ohne Folgen. Die amtliche Belastung der Brücke erfolgte wenige Tage vor der feierlichen Einweihung mit einer Dampfwalze, fünf beladenen Lastkraftwagen und vier Pferdefuhrwerken, zusammen 132 Tonnen.

Am Vorabend der Einweihung fand noch eine Beleuchtungsprobe statt. Sie war notwendig geworden, weil die neuen Prismen-Leuchten auf der Brücke so eingestellt werden mussten, dass sie die Schiffsführer bei Fahrten in der Dunkelheit nicht blendeten. Dann war es endlich soweit! Am 23. August zeigten sich der Luisenplatz und die Brücke im Festschmuck. „Eine wahre Völkerwanderung“ (so der „Oranienburger Generalanzeiger“) zog gegen 18 Uhr zur neuen Brücke, die auf der Luisenplatz-Seite mit einem weißen Band noch gesperrt war. Nach einer kurzen Ansprache zerschnitt der Bürgermeister Oskar Fuchs mit einer Riesenschere das Band und übergab die neue Brücke dem Verkehr. Natürlich hatte der braune Kommunalpolitiker dabei nicht die Gelegenheit ausgelassen, das für die Stadt so wichtige Verkehrsvorhaben als einen Erfolg der nationalsozialistischen Regierung zu charakterisieren. Hatte das Bauvorhaben doch auch eine zeitweilige Arbeitsbeschaffungsmaßnahme für die vielen Arbeitslosen der Stadt dargestellt.

Die Oranienburger konnten ihre freudig begrüßte Schlossbrücke nur für wenige Jahre nutzen. Im April 1945 zerstörte ein Sprengkommando der Waffen-SS das Bauwerk. Bis 1947 mussten die Fußgänger mit einer Behelfsbrücke vorlieb nehmen, um auf die jeweils andere Havelseite zu gelangen. Wünschen wir unserer jetzigen Schlossbrücke eine lange Lebensdauer.

Einweihung der neuen Schlossbrücke am 1. September 2008

Kurfürstenpaar, Bürgermeister Hans-Joachim Laesicke und Landrat Karl-Heinz Schröter (links)

Warten auf die Brückenfreigabe!

Schlossgeschichte im Boden

Da staunten die Bauleute im Sommer 2008 nicht schlecht als sie beim Rückbau der Rampe für die Schlossbrücke aus dem Jahr 1934 auf einen rußgeschwärzten Kellerraum und die noch verputzten Außenwände des Kellergeschosses vom havelseitigen Schlossflügel stießen. Die bauliche Hinterlassenschaft aus vergangenen Jahrhunderten ermöglichte nicht nur einen Blick zurück in den Zustand der Zerstörung im Jahre 1842, sondern auch auf die Veränderungen im Zuge des Brückenbaus von 1934. Im genannten Unglücksjahr brach am Ostersonnabend, dem 26. März, ein Schadenfeuer aus, dem der östliche Vorderflügel zum Opfer fiel. Max Rehberg schilderte mit seiner lebendigen Darstellungsweise den Hergang in seiner Runge-Biografie. *„Im Pavillon des rechten Flügels wohnte im ersten Stock der Professor Runge. Unter ihm befand sich die Schmiede. Als sich Runge morgens kurz nach 8 Uhr in seinem Wohnzimmer aufhielt, hörte er über sich, anscheinend im Schornstein, ein ganz ungewöhnliches Geräusch. Als er aus dem Fenster sah, bemerkte er, wie starker Rauch vom Dach aufstieg. Ihm war sofort klar, dass es brennen müsse. Er lief sogleich zur Schmiede hinunter und rief hinein: „Kinder kommt heraus, es ist Feuer!“ Bei dem heftigen Südostwind verbreitete sich das wütende Element in kurzer Zeit über den ganzen Wasserflügel und den Verbindungsbau zum Mittelgebäude. Der rechte Vorderflügel wurde vollständig zerstört und nicht wieder aufgebaut. Im hinteren Turm des Wasserflügels stürzte die Balkendecke über der ehemaligen königlichen Kapelle ein, riss deren Fußboden nieder und durchschlug mit diesem das Gewölbe der im Erdgeschoß befindlichen Korbmacherei. Dabei wurden mehrere Fabrikarbeiter und eine Frau verschüttet, konnten aber mit leichten Verletzungen gerettet werden. Den vereinten Anstrengungen der zum Löschdienst verpflichteten Bürgern und der Fabrikarbeitern, die durch auswärtige Spritzen von Lehnitz, Friedenthal und Glashütte unterstützt wurden, gelang es endlich, des Feuers Herr zu werden. Das Feuer war so plötzlich ausgebrochen und hatte sich so rasend schnell verbreitet, dass es Professor Runge, seiner 20jährigen Wirtschafterin Auguste*

Zeugnisse eines Schadensfeuers vor über 170 Jahren

Mann und seinem Famulus (Gehilfen) August Voigt nur gelang, das Wichtigste aus der Wohnung des Professors zu retten. Sehr vieles verbrannte, so dass Runge, der nicht versichert war, einen Schaden von 200 bis 300 Taler (1 Taler = 35,30 Euro) hatte." Zum Zeitpunkt des Brandes befanden sich in den hinter dem Schloss 1821 errichteten Gebäuden und im Erdgeschoss des westlichen Schlossflügels einige Anlagen der Chemischen Produkten-Fabrik, deren technischer Leiter Friedlieb Ferdinand Runge war. Aus der Schuttverfüllung des freigelegten Kellerraumes bargen Archäologen im Herbst 2008 Scherben von großen Steinzeuggefäßen und farbige Stuckfragmente. Letztere gehörten zur Ausschmückung der darüber liegenden Räume. An der Südwand erkannte man die Abdrücke eines Kreuzgratgewölbes und die gemauerten Wandvorlagen. Baunähte verrieten, dass der gewölbte Kellerraum zeitgleich mit dem gesamten Ostflügel zwischen 1689 und 1697 in bereits vorhandene Umfassungsmauern eingefügt worden war. Die schwarz verfärbten Ziegelsteine der Bodenpflasterung fassten im Raumzentrum eine irdene Fläche mit z. T. rötlicher Färbung ein. Hier stand an der südöstlichen Ecke der Rest eines Mauerblockes. Die Färbung könnte von Eisenoxid herrühren und der Mauerblock zu einem Ofen oder massiven Labortisch gehört haben. Das zugemauerte Fenster und der sichtbare Außenputz wiesen auf ein deutlich niedrigeres Erdniveau vor 1934 hin. Mit der jetzigen Schlossplatzanlage hat man sich der ursprünglichen Situation wieder angenähert.

Das „Königlich Evangelische Schullehrer-Seminar zu Oranienburg“ im Schloss

Die Pläne zur Errichtung einer Ausbildungsstätte für Volksschullehrer in Oranienburg gehen bis in das Jahr 1850 zurück. Am 27. September weil-

Absolventen und Lehrer des Lehrerseminars, 1912. Sitzend hinter dem Tisch: Seminardirektor Richard Brebeck

te Preußenkönig Friedrich Wilhelm IV. anlässlich der Grundsteinlegung für das Louisen-Denkmal im Oranienburger Schloss. Beim Festessen in einem der wenigen noch erhaltenen Schlossräume (das Schloss war seit 1848 ungenutzt) soll der König die Einrichtung eines Lehrerseminars mit folgenden Worten angeregt haben: ,,Es sollen nicht mehr Eulen und Unken diese mir so bedeutungsvollen Räume bewohnen. Ich will ein Denkmal aus diesen verfallenen Mauern des Schlosses herstellen, welches zur Bildung preußischer Jugend dienen soll.“ Mehr als ein Jahrzehnt sollte noch vergehen, ehe in dem renovierten Schloss ein evangelisches Lehrerseminar eröffnet wurde. Am 15. Oktober 1861, nach einem Gottesdienst in der St. Nicolaikirche, zogen gegen 11 Uhr die Festgäste zum Schloss. Geheimrat Ferdinand Stiehl, Vortragender Rat für Volksschul- und Seminarsachen im preußischen Kultusministerium, übergab zu Beginn der sich anschließenden Feierstunde das Schloss seiner neuen Bestimmung. Die Festrede hielt der erste Direktor des Seminars, Dr. Johannes Crüger. Zu diesem Zeitpunkt war Crüger, der dieses Amt bis 1872 ausübte, mit seinen Veröffentlichungen zur Methodik des Physik-Unterrichts bereits ein bekannter Pädagoge.

Schwerer Seminaralltag

Der Unterrichtsrahmen in den ersten Jahren wurde bestimmt von einer „Regulative“ von Geheimrat Stiehl aus dem Jahre 1854. Sie setzte die Schwerpunkte nicht auf die Vermittlung wissenschaftlicher Lehrinhalte oder die Entfaltung der Persönlichkeit, sondern orientierte sich auf eine fast bigotte Lebenseinstellung. Der letzte Seminardirektor des Jahres 1925, Dr. Paul Weinrowsky, schilderte ungeschminkt die Atmosphäre für die zukünftigen Lehrer am Seminar jener Zeit: „Die Regulative verhinderte jegliche wissenschaftliche Bildung. Es wurde auf die Elementaria und auf Memorieren das Hauptgewicht gelegt. Die Bewegungsfreiheit der jungen Leute war aufs äußerste eingeschränkt. Die Hausgesetze waren fast drakonisch, der freie Spielraum des eigenen Willens stark eingeengt, eine Reihe von Pflichten mussten erfüllt werden, die den Tageslauf bis ins Kleinste regulieren sollten. Mit starker Autorität wurden die damals geltenden Erziehungsgrundsätze zur Anwendung gebracht: Brechung des eigenen Willens, Läuterung des Charakters, Bekämpfung des Naturhaften und Weltlichen durch Hausordnungen, die die freie Entwicklung des inneren Menschen hemmten, durch religiöse Übungen und Gebote.“ Hier sollten autoritätsgläubige Staatsdiener geformt werden, von denen man erwartete, dass sie derartige Lebenshaltungen an ihre zukünftigen Schüler weitergeben würden. Im Herbst 1863 war das Seminar mit drei Klassen aufgebaut. Über

Das Schloss als Lehrerseminar, 1915

die konkreten Lehrinhalte wissen wir noch wenig, jedoch löste 1872 der „Lehrplan und Lehrordnung der königlichen Schulseminare“ die „Regulative“ ab. Legte dieser auch mehr Wert auf die fachorientierte Ausbildung, so änderten sich die am Oranienburger Seminar herrschenden Lebensumstände nur schwerfällig. Noch lange Zeit rief die Betglocke die Seminaristen zweimal täglich zur Andacht, und befahl die Hausordnung den Besuch von zwei Gottesdiensten am Sonntag. Erst durch die „Lehrpläne für Präparandenanstalten und Lehrerseminare“ des Jahres 1901 wurde ein wissenschaftlicher Unterricht in allen Fächern ermöglicht. In den Seminaren fand nun das Fachlehrersystem Eingang. Zum vermittelten Lehrstoff gehörten nach 1918 unter anderem Pädagogik, Religion, Deutsch, Geschichte, naturwissenschaftliche Disziplinen wie Mathematik und Raumlehre, Physik, Chemie, Natur- und Erdkunde. Hinzu kamen weiterhin Französisch, Zeichnen und Turnen. Auch auf die musikalische Ausbildung wurde mit Orgel- und Violinenspiel, Singen und Harmonielehre Wert gelegt. Die Ausbildung der Seminaristen dauerte drei Jahre.

Städtische Übungsschulen und Präparandenanstalt

Für den praktischen Unterricht der angehenden Volksschullehrer strebte man die Einrichtung einer ,,Seminar-Übungsschule“ an. In Oranienburg gab es zu diesem Zeitpunkt eine sechsklassige gehobene Bürgerschule mit Unterricht in Latein und Französisch. Daneben existierte eine dreiklassige Volksschule. Ein Vertrag mit der Stadt machte diese Schule zur Seminar-Übungsschule. Hinzu kam eine vom Seminar eingerichtete einklassige Übungsschule. Da für beide Übungsschulen kein Schulgeld erhoben wurde, waren es faktisch Armenschulen. Die meisten Schüler kamen daher aus dem Oranienburger Waisenhaus. So machten die angehenden Lehrer schon während ihrer Ausbildung Bekanntschaft mit den sozialen Problemen ihrer Schüler. Im Bereich der Übungsschulen strebten die Seminardirektoren häufige Veränderungen an. So wurde 1894 eine Privatschule eingerichtet, die sechsklassig war und fakultativ Unterricht in Latein und Französisch anbot. Nach der Gründung einer privaten Präparandenanstalt für die Vorbereitung der angehenden Seminaristen im Jahre 1866 schuf Seminardirektor Wilhelm Boeckler unter Übernahme der Schüler und Lehrer im Dezember 1873 eine staatliche Präparandenanstalt. Im Gründungsjahr noch einklassig (ab 1879 zwei Klassen) umfasste sie 1890 drei Klassen. 1883 besaß die Vorbereitungsschule schon so viele Absolventen, dass sie 1883 ihr neues Gebäude in der damaligen Poststraße Nr. 1 (heute Adolf-Dechert-Straße) bezog. Auch die Schüler der Präparandenanstalt hatten einen umfangreichen Lehrstoff zu bewältigen, der sich eng an die Fächer des nachfolgenden Volksschullehrerseminars orientierte. Ab 1889 gaben eigene Präparandenlehrer den Unterricht, deren gleichzeitige Anzahl sich in den folgenden Jahren bis auf drei erhöhte.

Fähige Seminarlehrer

Die Mehrzahl der Seminarlehrer waren qualifizierte Pädagogen ihrer Zeit. Die Seminarlehrer Ludwig Fritze und Karl Schwarzlose standen den ersten Se-

~~Königliches~~ Evangelisches Schullehrer-Seminar zu Oranienburg.

Zeugnis

über

die erste Lehrer-Prüfung

für

Werner Maas

geboren den 6. August 1904 zu Berlin

Kreis —, Sohn des Goldschmieds

Maas; evangelischer Konfession,

vorgebildet drei Jahre zu Oranienburg.

Führung: Gut

Fleiß: Im ganzen gut

I. Schriftliche Prüfung.

1. Deutscher Aufsatz: Gut
2. Religion: Gut
3. Geschichte: Genügend
4. Französisch: Gut
5. Bearbeitung eines Chorals: Genügend

II. Lehrprobe.

Genügend

Zeugnis des Seminaristen Werner Maas im letzten Jahrgang, 1925

minardirektoren (nach Crüger folgte Wilhelm Bückler bis 1887) zur Seite. Schwarzlose unterrichtete 36 Jahre als Musiklehrer die Seminaristen. Er schuf zahlreiche religiöse Kompositionen und leitete den vorzüglichen Chor des Seminars. Ludwig Fritze wurde nach seiner Tätigkeit am Seminar ein bekannter Indienwissenschaftler mit einer Professur. Auch einige der nachfolgenden Seminarlehrer traten mit wissenschaftlichen Arbeiten an die Öffentlichkeit. Richard Kabisch (1899–1903) beschäftigte sich mit der Methodik für den Religions- und Geschichtsunterricht an Volksschulen. Eduard Clausnitzer (1903–1908) publizierte über Probleme der Staats- und Volkswirtschaftslehre. Edmund Kienast (langjähriger Stadtrat und Stadtverordnetenvorsteher, Ehrenbürger der Stadt Oranienburg) unterrichtete von 1873 bis 1910 am Lehrerseminar.

Seminar und städtisches Leben

An die städtische Öffentlichkeit traten die Seminaristen bei zahlreichen Gelegenheiten, insbesondere mit gesanglichen Darbietungen bei kirchlichen und vaterländischen Veranstaltungen. Erwähnenswert sind hier die Feiern zur Einweihung der Friedrichsthaler Kirche im Jahr 1897, zum 100. Geburtstag von Friedlieb Ferdinand Runge 1894, zum Schiller-Jahr 1905 und zum 100. Jubiläum des Beginns der Befreiungskriege 1913. Die festlich begangenen Gründungsjubiläen des Seminars gehörten zu den Höhepunkten im gesellschaftlichen Leben der Stadt. So auch das 50jährige Jubiläum am 13./14. Oktober 1911. Es begann am Abend des 13. Oktobers mit einem Fackelzug der Seminaristen, Präparanden und Übungsschüler. Das Schloss erstrahlte in hellem Kerzenglanz und vor seinem Eingang leuchtete eine große „50“ in roten elektrischen Lampen. Von Seiten der Stadt kam ein besonderes Jubiläumsgeschenk. Sie stiftete einen Stipendienfonds in Höhe von 5 000 Goldmark (das wären heute etwa 46 750 Euro), dessen Zinsen vor allem armen, begabten Seminaristen aus Oranienburg zugute kommen sollten.

Das Bild der Seminaristen und Präparanden bei der Oranienburger Bevölkerung widerspiegelt die folgende Begebenheit. Nach der führte die bekannte Kutscherin des Pferdeomnibusses, Jette Bath, mit einem in Hermsdorf zugestiegenen Seminaristen folgendes Gespräch: „*Sag mal, mein Junge, willst du in Oranienburg Verwandte besuchen? Nein, ich*

Präparandenanstalt, 1906

will nach dem Seminar; der Urlaub ist ja schon vorüber. Ach, du mein Gott! Bist also ein angehender Hungerleider? Denn det bischen Gehalt reicht doch nich zum leben und zum sterben. Konntest du denn nicht Schneider werden? Nein, mir hat der Arzt das Krummsitzen verboten." Mit Stullen und ein wenig Kleingeld soll Jette das Schicksal des Seminaristen gelindert haben. Es gab aber auch Augenblicke, da standen die Oranienburger Väter von Töchtern oder die jungen Männer der Stadt den Seminaristen mit kritischem Abstand gegenüber. Denn auch die angehenden Lehrer besuchten die örtlichen Tanzstätten und traten als Heiratskonkurrenten auf. So manche Oranienburger junge Frau hat nachfolgend als Lehrersfrau ihre Heimatstadt verlassen. Auch für die Seminaristen besaß der Erste Weltkrieg traurige Folgen. Die Mehrzahl von ihnen musste unmittelbar nach dem Abschluss an die Fronten des Krieges. Über 50 kamen nicht mehr zurück.

Wehmütige Schließung

Die Reform in der Lehrerbildung in Preußen nach 1918 zog die Auflösung der bestehenden Präparandenanstalten und Lehrerseminare nach sich. Bereits 1920 begann die Auflösung der Oranienburger Präparandenanstalt und am 11. September 1925 fanden die letzten Abgangsprüfungen am Lehrerseminar statt. Insgesamt 2 240 Seminaristen hatte das Lehrerseminar auf den Lehrerberuf vorbereitet. Es war gewiss auch ein Zeichen der Verbundenheit mit ihrer

Ausbildungsstätte und der Stadt, dass vierhundert „Ehemalige“ noch einmal den Weg nach Oranienburg zum Abschlussfest fanden. Die Stadt dankte es ihren Gästen mit einem zweitägigen, erlebnisreichen Fest, an dem neben den Honoratioren von Stadt und Kirche sowie hohen Beamten aus dem preußischen Schulwesen auch viele Bürger teilnahmen. Ein von Max Rehberg (selbst ehemaliger Schüler der Präparandenanstalt und des Seminars von 1896–1902) veröffentlichter Festbericht mit den Festreden gibt darüber Auskunft. Mit viel Beifall nahmen die unmittelbaren Festgäste ein von Rehberg verfasstes Festspiel, „Von der Askanierburg zum Lehrerseminar“, auf. Fünf Bilder ließen die Geschichte des Schlosses, der Stadt und des Lehrerseminars für die Zuschauer lebendig werden. Eindrucksvoll schildert der Festbericht die letzten Stunden des Abschiednehmens vom Seminar: *„Als das Festspiel beendet war, strömte alles zum Luisen-*

Szenenbild: „Aus dem Seminarleben“

platz, um die Illumination des Schlosses zu genießen. Im purpurnen Lichte des bengalischen Feuers glühte die Front des altersgrauen Gebäudes auf. Aus den zahllosen Fenstern sandten gegen 550 Kerzen einen feierlichen Glanz in den stillen Herbstabend hinaus. Wie unzählige glitzernde Funken spiegelten sich die Kerzenflammen in dem dunklen Spiegel der Havel … Um ¼ 11 Uhr (abends) ertönte die alte Seminarglocke mehrere Minuten lang. Sie läutete mit wehmütigem Klang das Seminar zu Grabe. Als sie verstummte, erloschen die Kerzen …“

Reisende Seminaristen von und nach Oranienburg vor 150 Jahren

1931 veröffentlichte Hermann Siebert, ein pensionierter Schuldirektor in Oranienburg, Erinnerungen an seine Zeit als Seminarist am Königlich Evangelischen Schullehrer-Seminar zu Oranienburg im Schloss vor damals sechzig Jahren. Die lebendige Rückschau in die Seminarstadt ohne Eisenbahnanschluss ermöglicht uns Einblicke in den romantisch erscheinenden Alltag des vorindustriellen Reisens von und nach Oranienburg vor fast 150 Jahren.

Die Ferien waren von jeher Lichtpunkte im Leben der Schüler und Lehrer, auch für diejenigen, die eigentlich nicht mehr Schüler im landläufigen Sinne des Wortes, aber auch noch keine Lehrer waren, nämlich die Seminaristen zu Oranienburg. Wenn die 1861 gegründete Bildungseinrichtung für zukünftige Volksschullehrer zu den Ferien ihre Pforten schloss, mussten die Seminaristen versuchen, auf irgendeine Art zu ihren Angehörigen zu gelangen. Die Nordbahn wurde erst 1877 eröffnet, und die Postkutsche, die von Zehdenick über Gransee, Löwenberg, Oranienburg nach Berlin fuhr, in Oranienburg aber beim damaligen Postmeister Kollin in der Breiten Straße neue Vorspannpferde erhielt, kam für die angehenden Schulamtsbewerber, die zwar viel Bücher, doch wenig Geld besaßen, nicht in Betracht. So poetisch es auch gewesen wäre, mit dem lieben Schwager (Bezieht sich auf das Lied „Hoch auf dem gelben Wagen sitz ich beim Schwager vorn") durch Felder und Auen zu fahren und „Wald und Flur im schnellsten Flug" grüßen zu können. Wer also noch über Berlin hinaus wollte, musste sich mit einem Pferde-Omnibusbesitzer, wie Bath oder Gießel, in Verbindung setzen. Am liebsten fuhren die jugendlichen Männer mit Jette (Henriette) Bath, der geschäftstüchtigen und humorvollen Tochter des alten Bath, der weit draußen in der Berliner Straße wohnte und so glücklich war, 37 Wohnungen an kleine Leute vermieten zu können. Die Originalität des alten Bath und sein derber Humor hatten sich auf die Tochter vererbt. Frühzeitig war sie von ihrem Vater zum Stalldienst angehalten worden und hatte vollständig männliche Manieren angenommen. Sie trug zwar Frauenrock und Frauenschuhe, aber darüber eine Weste mit di-

Jette Bath (1824–1894)

Wartender Pferde-Omnibus am Hotel Eilers, um 1900

cker Uhrkette, einen Männerrock und auf dem sorgfältig frisierten Frauenkopf den runden Kutscherhut, dazu das kurze Pfeifchen oder eine kräftige Zigarre dauernd in Brand. Sonntags war sie beständig Gast bei August Menzel auf dem Oranienburger Berge (Gelände zwischen dem Sportplatz Sachsenhausen und Oranienburger Kanal), trank ihre große Weiße und ihren Kümmel und tanzte, immer als Herr, spendierte auch ihren Tanzdamen in zuvorkommender Weise. Wenn nun Jette auf dem Luisenplatz die Koffer und Kisten glücklich verstaut hatte, nahm auch jeder Seminarist seinen Platz ein, und ganz ehrbar ging es aus dem Berliner Tor hinaus. Aber kaum hatte man Havelhausen im Rücken, so begann die Fidelitas. Jette langte aus dem tiefen Sitzkasten ihre Ziehharmonika und trat Zügel und Peitsche an einem des Fahrens kundigen Mitreisenden ab. Nun hörten die Musensöhne die schönsten Lieder: „Müde kehrt ein Wandersmann zurück“, „Feinsliebchen mein unter dem Rebendach“ oder „Det läppert sich,

Jette Bath auf dem historischen Festumzug zur 800-Jahrfeier, 2016

det läppert sich zusammen.“ An dem letzteren hatte der Seminarist O. aus Berlin seine ganz besondere Freude. Von den Ferien zurückgekehrt, sang er das neue Lied seinen Freunden abends in der Arbeitsstunde mit heller Stimme vor, als sich plötzlich die Tür öffnete, und der diensttuende, gestrenge Seminarlehrer, der über den Wert des Liedes anders urteilte, als der fröhliche Sänger, dem betrübten Burschen wegen Störung seiner Stubengenossen und Übertretung der Hausordnung zwei Tage Hausarrest zudiktierte. Zur Warnung für spätere Genossen schrieb der arme Gestrafte an die innere Türseite seines Schrankes: „Zwei Tage Hausarrest von wegen: „Det läppert sich.“ Ich habe es 1880 selbst gelesen; auch die Anfangsbuchstaben des Namens standen noch darunter. So machte also Jette Bath ihre Passagier mit den Erzeugnissen der neuesten Literatur bekannt, und es war einmal etwas anderes als Lessings Laokoon oder Goethes Hermann und Dorothea, wenn auch nicht gerade etwas besseres. Dennoch wird heute noch der eine oder der andere 80jährige in stiller Wehmut im Sorgenstuhl der heiteren Fahrten gedenken, die in Hermsdorf zur Einnahme einer Tasse Kaffee oder eines Glases Bier zeitweilig unterbrochen wurden und in der Kleinen Hamburger Straße (hier irrte Siebert, es war die Große Hamburger Straße) in Berlin ihr Ende erreichten. Wer nun Glück hatte, fuhr von da aus mit der gemütlichen Pferdebahn zu seinem Bahnhof und weiter in die Heimat.

Eine neuromanische Basilika für Oranienburg

In das Mauerwerk über den Boden der nördlichen Vorhalle eingelassene Plakette mit der Inschrift: Louise, Churfürstin zu Brandenburg, geborene Prinzessin von Oranien, anno 1658

Mitten im deutsch-dänischen Krieg um das Herzogtum Schleswig versammelten sich am Montag, dem 20. Juni 1864 um 11 Uhr, Vertreter städtischer und kirchlicher Behörden, Lehrer und Schüler, Kinder des nahen Waisenhauses und Bürger, um an der Grundsteinlegung einer neuen Kirche teilzunehmen. Im Grundstein befanden sich u. a. ein Exemplar der 1850 von Friedrich Ballhorn verfassten Stadtgeschichte, ein Verzeichnis der Geistlichen und des Gemeindekirchenrats, die Namen der Stadtverordeneten und des Magistrats, ein Einwohnerverzeichnis der Stadt und die Bauskizze der neuen Kirche.

Der 1796 eingeweihte Vorgängerbau hatte noch nicht einmal siebzig Jahre gestanden, was für ein Kirchengebäude eine kurze Zeit ist. Er musste jedoch abgerissen werden, weil die Geldnot beim Bau und Ausstattung zahlreiche Unzulänglichkeiten verursachte. So erklangen erst 1816 drei gusseiserne Glocken am Heiligen Abend zum ersten Mal, um nach den Festtagen wieder zu verstummen, denn der Glockenstuhl erwies sich als zu schwach gebaut. Nach seiner Verstärkung konnte die Gemeinde das 300. Jubiläum der Reformation am 31. Oktober 1817 mit Glockengeläut begehen, das man jedoch wegen des dumpfen Klanges auf der Ostseite der Havel nur spärlich vernahm. Die jeweils zwei übereinander liegenden Emporen verdeckten die Kirchenfenster und ließen wenig Licht in den Innenraum. Dazu gesellte sich besonders im Sommer schlechte Luft, so dass Besucher ohnmächtig wurden oder die Kirche verlassen mussten.

König Friedrich Wilhelm IV., 1850 (Aus: Oelsnitz, Alexander C. von der: Geschichte des Königl. Preußischen Infanterie-Regiments. Berlin, 1855)

Der seit 1824 an der Kirche wirkende Pfarrer Friedrich Ballhorn (1793–1871) nutzte die Gelegenheit anlässlich der Grundsteinlegung für das Louise Henriette-Denkmal im September 1850, um den anwesenden preußischen König Friedrich Wilhelm IV. (1791–1861) auf die Notwendigkeit eines Neubaus hinzuweisen. Zunächst bekam die Gemeinde eine neue Glocke mit dem zutreffenden Namen „Zuversicht“ vom König geschenkt. Dann beauftragte er den Geheimen Oberbaurat Friedrich August Stüler

Die Evangelische Stadtkirche

Friedrich August Stüler, 1863 (Aus: Centralblatt für Bauverwaltung, 1900)

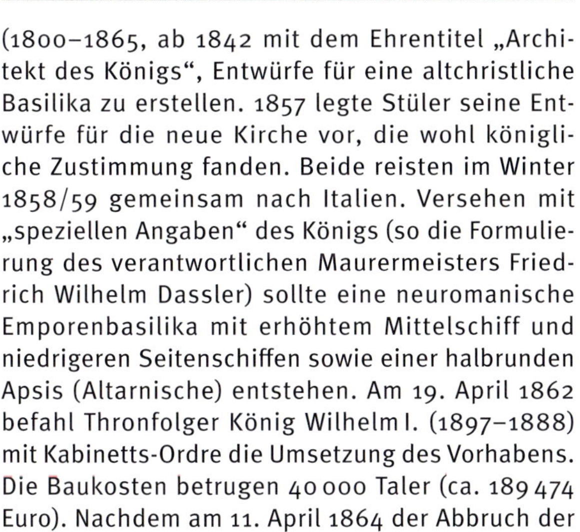

(1800–1865, ab 1842 mit dem Ehrentitel „Architekt des Königs", Entwürfe für eine altchristliche Basilika zu erstellen. 1857 legte Stüler seine Entwürfe für die neue Kirche vor, die wohl königliche Zustimmung fanden. Beide reisten im Winter 1858/59 gemeinsam nach Italien. Versehen mit „speziellen Angaben" des Königs (so die Formulierung des verantwortlichen Maurermeisters Friedrich Wilhelm Dassler) sollte eine neuromanische Emporenbasilika mit erhöhtem Mittelschiff und niedrigeren Seitenschiffen sowie einer halbrunden Apsis (Altarnische) entstehen. Am 19. April 1862 befahl Thronfolger König Wilhelm I. (1897–1888) mit Kabinetts-Ordre die Umsetzung des Vorhabens. Die Baukosten betrugen 40 000 Taler (ca. 189 474 Euro). Nachdem am 11. April 1864 der Abbruch der alten Kirche begonnen hatte, nahm am 23. August mit dem Ausschachten der Fundamentgräben der Bau seinen Anfang. Schon Mitte Dezember mussten die Arbeiten wegen einbrechender Kälte unterbrochen werden. Zu diesem Zeitpunkt hatten die 41 eingesetzten Maurer und Arbeiter das eingedeckte Gebäude mit Ausnahme der Apsis und der Vorhallen auf der Westseite bereits im Rohbau errichtet. Als eine besondere bautechnische und gestalterische Herausforderung erwies sich der Turmbau. Man hatte sich entschlossen, den alten Turm mit Putzfassade (errichtet 1658–63) bis zu einer Höhe von 24,8 Meter zu verwenden und mit einem unver-

Evangelische Stadtkirche von 1796. Aquarell von Emil Katschinsky

putzten Aufbau von 13,8 Meter aufzustocken. Die darauf gemauerte Spitze von 18,8 Meter Höhe ließ den Turm mit dem Kreuz auf eine Gesamthöhe von nahezu 60 Meter anwachsen. Bis Anfang Juli 1865 konnte der alte Abschnitt des Turms soweit hergerichtet werden, dass mit der Mauerung des Aufbaus begonnen werden konnte. Mit Hilfe eines mit Pferden betriebenen Aufzugs hievte man das Baumaterial, die Säulen und Formsteine für die Arkaden und umlaufende Balustrade nach oben. Seinen Abschluss fand der Turmbau mit dem am 5. Oktober aufgesetzten Kreuz. Im Turmknopf gelangten zwei Schriftstücke, die interessanter Weise widersprüchliche Sichtweisen auf die Rolle von Friedrich Wilhelm IV. bei der Planung des Kirchenbaus aufzeigen. Nach Ballhorn hat der königliche Auftraggeber einen vorgelegten Plan von Stüler verworfen und selbst die zur Ausführung gekommene Basilika

Evangelischer Pfarrer und Stadtchronist: Friedrich Ballhorn

konzipiert. Dassler schreibt in seiner Darstellung dagegen dem König nur die schon oben genannten „speziellen Angaben" zum ausgearbeiteten Entwurf von Stüler zu. Das entsprach auch der bekannten Arbeitsweise des Monarchen, nach der er selbst angefertigte Skizzen dem zuständigen Architekten übergab, sie mit ihm besprach und sich dann die überarbeiteten Pläne zeigen ließ. Dabei soll der königliche Autodidakt wie ein ausgebildeter Architekt agiert haben.

Gehen wir einmal um die 36,5 Meter lange und 22 Meter breite Kirche herum, für deren Errichtung Klinkersteine aus Birkenwerder verbaut wurden. Lisenen (wenig hervortretende vertikale Mauerblenden) gliederten die gesamte Ostseite. Die mittig heraus gemauerte halbrunde Apsis besaß oben eine umlaufende Zwerggalerie. Darüber befand sich eine Fensterrose, ebenso in den Wänden der Seitenschif-

Blick auf die Ostseite der Kirche mit der mittig gemauerten Apsis

fe. Seinen Abschluss erhielt die Giebelwand durch ein Kreuz. Jeweils vierzehn Fenster in den Längswänden des Mittelschiffes und insgesamt vierzehn tiefer liegende hohe Fenster der Seitenschiffe brachten nicht nur eine klare Gliederung, sondern sorgten auch für einen Licht erfüllten Kirchenraum. Der an der Westseite noch heute nicht veränderte Turm gehört neben der Apsis zu den von Stüler am meisten geprägten Gebäudeteilen. So findet man die halbrund ausgebaute Apsis mit dem darin befindlichen Altar unter einem Baldachin – wie hier in Oranienburg gewesen – auch noch heute in anderen Stülerschen Kirchenbauten, wie etwa in Potsdam in der Friedenskirche und in der St. Nicolaikirche. Die offene, kurze Pfeilerhalle vor dem Mittelportal und die beiden seitlichen Pfeilerhallen sind Alleinstellungsmerkmale des Baumeisters. Heute – noch mehr als damals – ist darum die Westseite ein Blickfang für den Betrachter. Im dritten Stockwerk des Turms befand sich der Glockenstuhl mit den drei Glocken. Die Große Glocke, es war die schon erwähnte Schenkung von Friedrich Wilhelm IV., besaß an den Henkeln angebrachte Engelsköpfe, die der König selbst gezeichnet hatte. Aus dem Jahr 1789 stammte die mittlere Glocke, die frühere Rathausglocke als Geschenk vom Magistrat. König Wilhelm I. spendete der Kirche die im Einweihungsjahr gegossene kleine Glocke. Die Turmuhr aus der alten Kirche mit ihren beiden Schlagglocken für den vollen und viertel Stundenschlag bekam ihren Platz im Stockwerk darüber.

Die von König Friedrich Wilhelm IV. gestiftete Große Glocke

Blick vom Orgelchor in das Mittelschiff

Das Kircheninnere war geprägt von dem 20 Meter hohen und 10 Meter breiten Mittelschiff. Jeweils sieben tragende Säulen mit geschmückten Kapitellen trennten die Seitenschiffe vom Mittelschiff, welche gegen Osten hin mit einer Sakristei und einer Taufkapelle abschlossen. In den Seitenschiffen befanden sich die ca. fünf Meter breiten Emporen. Die Apsis besaß im obigen Halbrund einen vertikal

Süd- und Westseite von St. Nicolai mit Neuem Platz und Altstadt, 1935

gegliederten Sternenhimmel. Der Baldachin über den Altar trug die lateinische Inschrift „Gott allein die Ehre“. Von der hölzernen Kassettendecke hingen zunächst zwei, später drei Kronleuchter mit Kerzen herab, die mit der gesamten Beleuchtung zum Weihnachtsfest 1899 elektrifiziert wurden. Nach der Fertigstellung der Innenausstattung vollzog sich am Dienstag, dem 16. Oktober 1866, die vier Stunden andauernde feierliche Einweihung des neuen Gotteshauses. Schon Tage vorher hatte man Häuser und Straßen mit Girlanden, Kränzen und Fahnen geschmückt. Am Vorabend und in der Frühe des Festtages läuteten die Glocken. Der Festzug bewegte sich mit Musik und Gesang von der 1. Gemeindeschule an der Havel durch die Altstadt zur Kirche. Er reichte nahezu vom Ausgangspunkt bis zur Kirche. Hier schloss der 74jährige verdienstvolle Pfarrer F. Ballhorn mit dem vom Generalsuperintendent D. Hoffmann erhaltenen Schlüssel die Tür zur neuen Kirche auf. Fast schien es als könnte diese mit 1250 Sitzplätzen die Anwesenden nicht fassen. Orgelmusik eröffnete den Festgottesdienst und anschließend sang die Gemeinde. Nach dem Verlesen der Liturgie bestieg Pfarrer Ballhorn die Kanzel, um die erste Predigt im neuen Gotteshaus zu halten. Er sprach über die Worte von Josua aus dem Alten Testament: „Ich und mein Haus, wir wollen dem Herrn dienen.“ Mit Gebet und Gesang schloss die Feier und nur langsam leerte sich die Kirche.

Das zerstörte Kirchenschiff nach dem 6. März 1944

Das alte Pfarrhaus mit junger Kirche

Das vor hundert Jahren aufgenommene Foto, es stammt aus einer 1917 erschienen Stadtbeschreibung Oranienburgs des Architekturpublizisten Adolf Behne (1885–1948), zeigt uns eine bauliche Gegebenheit, die im Bombenhagel am 6. März 1944 für immer untergegangen ist. Man sieht das alte evangelische Pfarrhaus, an das sich die 1866 eingeweihte St. Nicolaikirche unmittelbar mit ihrer Ecke der Apsiswand anfügt. Das Pfarrhaus war im Gefolge des Kirchenbaus von 1795/96 an der Stelle eines abgerissenen Vorgängerhauses im Jahre 1805 entstanden. Bis zu seiner Zerstörung 1944 diente es zunächst als Unterkunft des lutherischen Pfarrers, ab 1819 des Pfarrers der Evangelischen Kirche der altpreußischen Union. Die 1796 eingeweihte Kirche war notwendig geworden, weil ihre noch von Kurfürstin Louise Henriette in den Jahren 1658 bis 1663 errichtete Vorgängerin dem Stadtbrand vom 17. November 1788 zum Opfer gefallen war. Der Bau und die Ausstattung der Kirche hatten jedoch unter dem Diktat der Geldnot gestanden. So erhielt sie erst 1816 drei gusseiserne Glocken als Geschenk von König Friedrich Wilhelm III. Diese erklangen zum ersten Mal zu Weihnachten des Jahres, mussten jedoch ihr Läuten danach einstellen, weil der Glockenstuhl sich als zu schwach erwies. Nach der Beseitigung des Mangels konnten die Glocken das 300. Jubiläum der Reformation am 31. Oktober 1817 einläuten. An diesem Tag nahm auch die schlagende Turmuhr mit nur einem Zeiger ihre Zeitangabe auf. Im Innern der Kirche herrschten schlechte Licht- und Luftverhältnisse, so dass mancher Besucher einschlief oder im Sommer sogar ohnmächtig wurde. In den nachfolgenden Jahrzehnten traten weitere Mängel zu Tage, die den Abriss und einen Neubau in den Jahren 1864 bis 1866 notwendig machten. Damit entstand die bemerkenswerte Besonderheit zwischen dem alten Pfarrhaus und der neuen Kirche, die Behne hintersinnig beschreibt: „Zwischen Waisenhaus und Kirche, im Hintergrund halb versteckt, steht das niedrige einstöckige Pfarrhaus, das seit 1805 unverändert blieb, also ein halbes Jahrhundert älter ist als die Kirche. Mit der Kante ihres letzten Pfeilers steht die Kirche hart an hart mit der Ecke des Pfarrhauses.

Evangelisches Pfarrhaus an der St. Nicolaikirche

Es ist keine Luftgasse zwischen Kirche und Haus, die enge Zusammengehörigkeit ist aus dieser Weise sehr deutlich. Ein Luftloch an dieser Stelle wäre hässlich. Bemerkenswert an diesem stillen Platz ist es, dass der Erbauer der Kirche sich nicht für zu vornehm hielt, auf das simple Pfarrhäuschen, das so viel niedriger am Boden klebt, zarte Rücksicht zu nehmen, ja seine offizielle und große Architektur nach ihm richtete. Er hat nämlich offenbar die unteren Fenster der Rückseite unter dem Rade in ihrer Höhe bemessen nach den Fenstern des Pfarrhauses. Es steckt gefühlsmäßig das Häuschen noch im Kirchenchor, von der äußeren Geschlossenheit des Platzes durch den Anschluss der Wände und die gleiche Höhe der Fenster ganz abgesehen. Der moderne Kirchenbauer hätte es als verpflichtend erachtet, einen möglichst fremden Ton anzuschlagen und sich ruhmvoll zu isolieren. Er würde die Nase stolz im Himmel tragen, während sich der Meister der Oranienburger Kirche liebevoll auch zum Kleinen bückt.“

Brauen in Oranienburg – eine ganz lange Geschichte

Bier gehört zu den ältesten Nahrungs- und Genussmitteln der Menschen. Bis in das 19. Jahrhundert hinein galt Bier als geeignetes Getränk für die ganze Familie, denn es besaß einen geringeren Alkoholgehalt als heute und war durch das Kochen der Bierwürze weitgehend keimfrei. Zugleich stellte es als „flüssiges Brot" eine wichtige Ergänzung zur oft knappen Nahrung dar. Angesichts des hohen Bierkonsums im Mittelalter besaßen die Landesherren mit dem Bierbrauen eine einträgliche Steuerquelle.

Welche soziale und wirtschaftliche Bedeutung das Brauen besaß, verdeutlichen auch Hexerei- und Betrugsvorwürfe. 1538 kam es zu einem strafrechtlichen Bierprozess unter Beteiligung der Städte Oranienburg (damals Bötzow) und Templin. Anlass waren die protokollierten Behauptungen einer weisen Frau (Hebamme) aus Oranienburg vor dem dortigen Schlosshauptmann gewesen, die Templiner Brauer würden Totenköpfe in ihr Bier tun, um es dadurch zu behexen. In Anbetracht der schwerwiegenden Beschuldigung sandte der Schlosshauptmann das Protokoll an den brandenburgischen Kurfürsten Joachim II., der die Angelegenheit an das große Stadtgericht von Templin verwies. Vom Ausgang des Prozesses hing nicht nur die strafrechtliche Verfolgung wegen Hexerei bei drohender Todesstrafe der beschuldigten Brauer, sondern auch der Ruf des Templiner und des Bötzower Bieres ab. Diese Konsequenzen muss man der Zeugin wohl im Prozessverlauf deutlich gemacht haben, denn sie rückte von ihrer ursprünglichen Aussage ab und stellte nun ihrerseits das Protokoll als Fälschung dar. Damit hatte sie jedoch ihre Glaubwürdigkeit gänzlich verloren. Zur Strafe für ihre leichtfertige Beschuldigung band man sie mit Einwilligung des Oranienburger Rates auf dem Markt in Templin für einige Stunden an den Pranger und entließ sie gegen Abend nach Oranienburg, wo sie mit dem Spott der Einwohner empfangen wurde.

Hier gab es nach dem Erbregister von 1595 elf Brauerben, die dafür Steuern an den Kurfürsten,

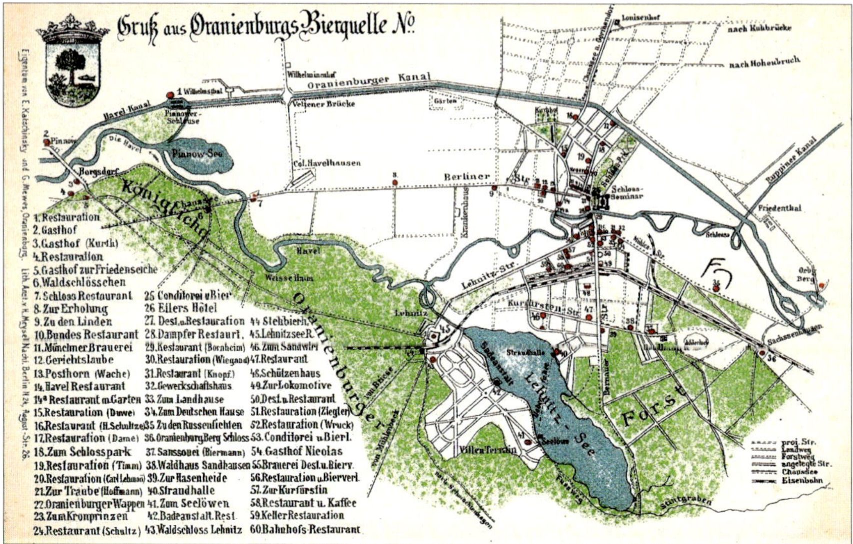

Postkarte mit den in Oranienburg ansässigen Brauereien, Restaurants und Schankwirtschaften, um 1900

die Stadt und die Landschaft entrichten mussten. Zusätzlich besaß die Bürgerstelle (hinter dem heutigen Bibliotheksgebäude) des Heidereiters (Forstbeamter) eine Braugerechtigkeit. Amtsträger Philipp Gerlach erhielt vom Kurfürst Friedrich Wilhelm 1651 unter anderem das Privileg, ohne Bierzins zu brauen und das Bier in der Stadt bzw. außerhalb zu verkaufen. Insgesamt gab es zu jener Zeit zwölf Brauereien, die aber in erster Linie für den Eigenbedarf brauten. Ohne ausdrückliche Braugerechtigkeit stellten die Bauern ihren „Haustrunk" her. Der Ruf des Bötzower Bieres muss sich jedoch in Grenzen gehalten haben, denn ein nennenswerter auswärtiger Absatz ist nicht nachweisbar und die Brauer besaßen kein Innungsprivileg.

Mit der Übernahme der Stadt und des Amtes durch Kurfürstin Louise Henriette änderten sich die Oranienburger Brauverhältnisse grundlegend. Die junge Fürstin sah auch im Brauwesen einen Wirtschaftzweig, der ihrer besonderen Aufmerksamkeit galt. So ließ sie nicht nur eine Meierei auf der Amtsfreiheit an der Mühlenstraße (Sachsenhausener Straße) errichten, sondern in unmittelbarer Nähe auch eine Brauerei. Beide Anlagen befanden sich in Sichtweite von ihren östlich gelegenen Fenstern im Schloss. Um den Absatz für die Amtsbrauerei zu sichern, kaufte sie bis zur Fertigstellung in den Jahren 1652 bis 1655 möglichst viele mit Braugerechtigkeit

Münchener Brauhaus

Aktien-Gesellschaft

Berlin N. und Oranienburg

Gegründet 1857

Bierumsatz 1905/06: 104239 hl

Helles und dunkles Lagerbier,

Pilsener,

Berliner Weissbier.

Hergestellt aus prima Malz und Hopfen.

Niederlagen in

Gransee

Zehdenick

Velten

Strelitz i. Meckl.

Fürstenberg

Straussberg

Spandau

Anzeige im Adressbuch von Oranienburg 1908/1909

ausgestattete Krüge im Amtsbereich. Hier schenkte man Gesinde- und Herrenbier aus, wobei das Letztere höher versteuert werden musste. Das Brauwesen entwickelte sich jedoch nicht ausreichend nach den Vorstellungen der ungeduldigen Kurfürstin. Der während ihrer Abwesenheit mit der Wirtschaftsverwaltung beauftragte Spandauer Obrist Johann Georg von Ribbeck wurde daher 1656 angehalten, weitere Krüge aufzukaufen. Darüber hinaus kritisierte sie die nach ihrer Auffassung zu geringen Erträge von gemahlenem Braumalz, hinter denen sie Unterschlagungen vermutete. Das Verhalten ihrer Beamten kennzeichnete sie als schimpflich und unverantwortlich, weil in allen Gärten nicht so viel Hopfen gewonnen würde, wie zum Brauen erforderlich sei. Im April 1657 bekam das Oranienburger Brauwesen mit der Vereidigung eines Brau- und Backmeisters

Gebäude der Genossenschafts-brauerei e.G.m.b.H., nach 1918

eine eigene Verwaltung. Krüge entließ man mittels Verkauf nur dann aus dem Amtseigentum (so geschehen im Juni des gleichen Jahres in Zehlendorf), wenn das Bier weiterhin allein von der Amtsbrauerei bezogen wurde. Zum Wirtschaftszweig gehörten 1657 ein Brauhaus und ein Darrhaus, wo das benötigte Braumalz erzeugt wurde. Ein Bericht aus dem Jahre 1658 wies 64 jährliche Brauvorgänge nach. Aus der Amtsbrauerei erhielten die 24 Kinder des Waisenhauses auf Anordnung der Stifterin täglich ein „Mäßlein Bier", dessen Malzgehalt sie selbst bestimmte.

Auch nach dem Tode von Louise Henriette (1667) sahen die Generalpächter (ab 1715 war der Amtmann zugleich Generalpächter) des Amtes im Brauwesen einen besonders einträglichen Gewerbezweig, den sie auf Kosten der Stadt ständig zu erweitern trachteten. Dazu gehörte bis 1715 der Kauf von Krügen in Birkenwerder, Germendorf, Lehnltz, Hohen-Neuendorf, Schönerlinde, Wensickendorf, Zehlendorf, Zühlsdorf, Friedrichsthal, Hohenschöpping, Borgsdorf und Bergfelde. Das Amt betrieb aber auch in der Stadt Schankwirtschaften, so im Amtshaus und im Amtshauptmannshaus. Der Ausschank im Amtshauptmannshaus wurde erst wieder 1717 geschlossen, als der Magistrat das Haus mietete. Immer wieder beschwerte sich die Stadt über die expansive Schankpolitik des Amtes zum Nachteil der städtischen Brauer bei den Behörden in Potsdam. Die Erfolge blieben gering, jedoch gelang es ihr 1710 bei der Anlage des Dorfes Hohenbruch, dass der dortige Krug nur Bier von den Stadtbrauern beziehen durfte. So geschah es auch für die Schankwirtschaft im Vorwerk Havelhausen. Welchen Umfang das Braugewerbe erreichte, lässt sich daraus ermessen, dass im Jahre 1705 von den Schankwirtschaften im Amtsbereich 1477 Hektoliter (1711 = 2556 Hektoliter) ausgeschenkt wurden. Um im Brauwesen klare Verhältnisse zu schaffen, entwarf man 1713 eine Brauordnung. Zwei Ratsmänner und zwei Beauftragte sollten die auf diese Weise gebildete Brauerinnung leiten. König Friedrich I. erteilte 1716 unter anderem dem Oranienburger Rathaus das Privileg, eine private Schankstube zu betreiben. Beim Ausschenken von fremden Bier und Wein, erhielt der Magistrat ein Ausgleichsgeld. Vier Jahre später ließ der Magistrat ein öffentliches Darrhaus errichten. Dem Pächter des Darrhauses wurde das Betreiben einer Bierstube gestattet. Die andauernden Streitigkeiten zwischen Amt und Magistrat um den Bierausschank gelangten 1722 vor das Königliche Direktorium in Potsdam zur Entscheidung. Dieses legte fest, dass das Amt auf der Königlichen Mühle in Zühlsdorf, in Bärenklau und in Lehnitz ausschenken darf. Der Entwurf einer weiteren Brauordnung vom 10. Dezember 1723 zählte nicht nur die 13 Brauer der Stadt namentlich auf, sondern regelte mit 25 Artikeln das Innungsleben und die Brauvorgänge. Trotzdem sank die Anzahl der Brauer nachfolgend auf fünf herab. Erst am 4. Januar 1724 erhielt die Brauerinnung von 1713 ihre Bestätigung. König Friedrich II. erließ am 14. November 1743 ein „Rathhäusliches Reglement für die Stadt Oranienburg", das auch die städtische Brauordnung festlegte. Danach unterstand das Brauwesen dem ersten Bürgermeister der Stadt. In seiner Verantwortung lagen die Ausführung der Brauordnung, die Annahme und Vereidigung der Braumeister, die Kontrolle und Verbesserung der Braustoffe, die Erhaltung der Schankwirtschaften und die Festlegung

Werbung aus der Festschrift „700 Jahre Oranienburg", 1932

Im Hintergrund die Oranienburger Eiswerke Berlin-Oranienburg, daneben das Oranienburger Elektrizitäts- und Wasserwerk

der Biertaxen an den Feiertagen. Das Verhältnis zwischen Amt und Magistrat im Bereich des Brauwesens blieb auch in den kommenden Jahrzehnten nicht konfliktlos. Die günstige Nähe des Amtshauses an der Havel führte dazu, dass mit zunehmendem Schiffsverkehr immer mehr Schiffer und Flößer ihr Bier im Ausschank des Amtes bezogen, obwohl es nach der Entscheidung von 1722 dort keinen Ausschank geben dürfte. 1766 konfiszierte die Stadt von einem Schiffer 16 Liter im Amtshaus gekauftes Bier. Nach Angaben des Magistrats braute das Amt in den Jahren 1783 bis 1789 jährlich rund 1117 Hektoliter Bier. Dagegen entschied die Königliche Kammer: Schiffer und Flößer könnten ihr Bier kaufen, wo sie wollten, wenn darauf die Steuer entrichtet worden sei. Hatte es einmal 13 Häuser mit Braugerechtigkeit gegeben, so ging die Zahl der Brauer bis 1771 auf vier zurück. Diese brauten im Jahr 1777 noch rund 2 418 Hektoliter Bier. Bis 1803 sank die Bierproduktion dann noch einmal auf rund 1063 Hektoliter.

Das 19. Jahrhundert förderte mit der Einführung der Gewerbefreiheit 1810 in Preußen und Innovationen in der Brautechnologie die Gründung von Großbrauereien. Das bis dahin vorherrschende obergärige Bier wurde dabei vom untergärigen Bier bayerischer (Pilsener) Art abgelöst. Die ehemalige Amtsbrauerei führte 1872 der Inhaber Wisotzky als *Schlossbrauerei Oranienburg* weiter. Später erfolgte die Umwandlung in die *Bayerische Bierbrauerei*

Schloss Oranienburg AG. 1885 vereinigte sich dieses Unternehmen mit der *Münchener Brauhaus Aktiengesellschaft* in Berlin. Die Oranienburger Niederlassung in der Berliner Straße 47 (damals 20) produzierte helles und dunkles Lagerbier, ein Karamelbier mit dem Namen *Doppelbräu*, Pilsener Bier und Berliner Weißbier. Die Sorten gingen bis nach Mecklenburg. Niederlassungen gab es in Gransee, Zehdenick, Velten, Fürstenberg, Strausberg und Spandau.

Der Bierumsatz betrug 1905/06 über 104200 Hektoliter. Einen Teil des Geländes und der Gebäude nutzten die Nazis 1933/34 für die Einrichtung des Oranienburger Konzentrationslagers. Im Haus der Bernauer Straße 17 (damals 12) betrieb seit 1884 Herrmann Lehmann eine Schnapsbrennerei (Destillation), die er ab 1890 mit einer Restauration und *Stadtbrauerei* erweiterte. Unter gleichen Namen führte Adolf Geisler spätestens ab 1906 das Unternehmen als Mineralwasserfabrik und Bierverlag (Inhaber Otto Müller). Ebenfalls in der zweiten Hälfte des 19. Jahrhunderts hatte sich als Weißbierbrauerei die *Brauerei Gebr. Tramba* an der Breiten Straße 10 angesiedelt. 1894 vergrößerte sich das Unternehmen mit der Errichtung einer „Bayerisch-Bierbrauerei“.

Eröffnung der Restauration von H. Lehmann mit Stadtbrauerei, 1892

Auf dem Grundstück Gartenstraße 15, wo schon ab den 1870er Jahren die Brauerei Louis Neisser existiert hatte, errichtete man einen Lager- und Gärkeller. 1899 folgten ein Maschinenhaus und 1910 eine Erweiterung des Sudhauses. Ein Jahr später ging daraus die *Genossenschaftsbrauerei e.G.m.b.H.* hervor, die 1912 ein völlig neues Sudhaus bauen ließ. In dem vier Stockwerke umfassenden Gebäude wurden helles Lagerbier, Versandbier nach Pilsener Art, Karamel-, Braun- und Weißbier gebraut. Zur Saison gab es auch ein Oranienburger Bockbier. Nicht unerwähnt bleiben soll die Einrichtung einer Versuchsbrauerei mit Hopfen-Veredelungsanlagen im ehemaligen Sudhaus von Seiten der *Horst Company, Zweigniederlassung Oranienburg* ab 1930. Nach 1950 ist der *VEB Brauerei Potsdam, Zweigbetrieb Oranienburg* Eigentümer des traditionsreichen Brauereistandortes.

Werbung im Adressbuch für Oranienburg, 1912/13

Die Eröffnung der Nordbahn 1877 brachte zunehmenden Ausflugsverkehr nach Lehnitz, rund um den Lehnitzsee und ins Oranienburger Stadtgebiet mit

Werbung im Adressbuch für Oranienburg, 1939/40

seinen damals mehr als 50 Gaststätten. Die Getränkeproduktion der zwei Oranienburger Brauereien und vier Niederlassungen auswärtiger Brauereien fand ausreichend Absatz bei Oranienburgern und Gästen. Brauereien, Gaststätten und Lebensmittelgeschäfte benötigten für die Kühlung der verderblichen Ware ausreichend Kühleis. Bis zur endgültigen Durchsetzung der Verwendung von Kunsteis zu Beginn des 20. Jahrhunderts musste man dabei auf Natureis zurückgreifen. Spätestens seit 1895 befanden sich am Westufer des Lehnitzsees, südlich des ehemaligen Restaurants *Strandhalle* gelegen, die *Oranienburger Eiswerke Berlin-Oranienburg* von Otto Haukohl. Hier wurde bei Frost das billige Eis unmittelbar vom Lehnitzsee „geerntet" und zusätzlich Kunsteis hergestellt. Ein Eisenbahnanschluss zum Bahnhof Oranienburg ermöglichte die Versendung des Eises nach Berlin. Die Verkaufsstellen sind im Berliner Adressbuch von 1895 bis 1932 aufgeführt.

Die Notzeiten des Ersten Weltkrieges und die Nachkriegsjahre brachten einen Rückgang der Umsätze und damit auch der Bierproduktion. Einer der letzten Braumeister der *Münchener Brauhaus A.G.*, Edmund Joenotta, ist 1916 als Mitglied des *Deutschen Braumeister und Malzmeisterbundes* nachgewiesen. Die *Genossenschaftsbrauerei* und die *Münchener Brauhaus A.G.* mussten schließen, so dass nach dem Krieg keine Brauerei in Oranienburg mehr braute. Bis in den 1930er Jahren hinein gab es in der Stadt nur noch drei Brauerei-Niederlassungen. Erst das Adressbuch 1939/40 weist wieder eine zunehmende Anzahl von Niederlassungen nach. Dazu gehörten die *Berliner Kindl-Brauerei*, die *Engelhardt-Brauerei*, die *Schultheiß-Patzenhofer-Brauerei* und die *Löwenbrauerei Böhmisches Brauhaus A.G.* Sie alle überlebten die Jahre des Zweiten Weltkrieges nicht.

Die nach 1918 abgebrochene Tradition des in Oranienburg gebrauten Bieres war nun endgültig vorüber. Bis 1989 existierten die *VEB Getränkeproduktion Oranienburg* und später das *VEB Getränkekombinat Oranienburg*, die Verlegerabzüge in Form von Fass- und Flaschenbier produzierten. Heute müssen die Bierfreunde auf in Oranienburg produziertes Bier zwar gänzlich verzichten, jedoch ist das deutschlandweite und internationale Bierangebot dafür ein mehr als zufriedenstellender Ausgleich.

Flaschenetikett, nach 1968

Die Stearinkerzenfabrik im Mühlenfeld – ein Baudenkmal

Wer denkt schon beim warm leuchtenden Licht einer Weihnachtskerze an den Chemiker Friedlieb Ferdinand Runge und sein Wirken für die Oranienburger Chemieindustrie in der ersten Hälfte des 19. Jahrhunderts. Mit seinem praktischen Forschergeist gelang es ihm hier die erste Stearinkerzenfabrik in Deutschland zu begründen. Sie befand sich in dem auf Seite 116 abgebildeten, lang gestreckten Wohngebäude an der Runge-Straße. Das Gebäude ist damit das letzte – abgesehen vom Schloss – verbliebene Baudenkmal der Chemieindustrie in unserer Stadt. Wenden wir uns zunächst der Stearinkerze zu, die ihren Ursprung in Paris besitzt. Dort hatten Michel E. Chevreul und Joseph L. Gay-Lussac 1824 ein Patent zur Erzeugung von Stearinsäure angezeigt, dessen geschäftlicher Erfolg jedoch ausblieb. Erfolgreich dagegen entwickelte sich die 1831 gegründete Stearinkerzenfabrik von Adolphe de Milly und Motard durch die Weiterentwicklung des Patents für eine fabrikmäßige Erzeugung von Stearin. Wegen ihrer Vorzüge gehörten Stearinkerzen bald zu den wichtigsten Beleuchtungsmittel. Davon ermutigt gründeten de Milly und Motard Kerzenfabriken in Berlin (1835 oder 1837 weisen die Quellen aus) und die Brüder A. und George de Milly in Wien (1839). Kehren wir nach Oranienburg zurück, wo Runge seit Juni 1932 als technischer Leiter in der „Chemischen Produkten-Fabrik zu Oranienburg“ (so der Name ab Herbst 1932) von Georg Friedrich A. Hempel wirkte. Die Produktion erfolgte im Schloss, in 1821 errichteten Gebäuden hinter dem Schloss und auf dem havelseitig gelegenen Mühlenfeld an der Mühlenstraße (heute Sachsenhausener Straße). Neben Anlagen für die Herstellung zahlreicher chemischer Grundstoffe stand hier auch das Gebäude für die Stearinkerzenfabrikation (Runge nannte sie Palmwachslichter). Runge hatte 1834/35 ein Verfahren entwickelt, mit dem er aus Palmöl und der Verseifung von Kalk unter Druck Stearin (Palmwachs) gewann. Zeitgleich begann die Herstellung der Kerzen, die 1835 als Palmwachslichter in roter und weißer Farbe in den Handel kamen, jeweils ein Pfund schwer und in blauem Papier verpackt. Bür-

Annonce aus der Festschrift „700 Jahre Oranienburg“, 1932

Gebäude der ehemaligen Stearinkerzenfabrik in der Runge-Straße

germeister Julius Becker (Amtszeit 1809–1837) beschrieb die Kerzen in seiner Chronik: *„Sie brennen sehr hell und sparsam, sehen ziemlich weiß aus, machen durchaus keine Flecke in Kleidern … und brennen fast ebenso lange wie die Wachslichte …"* Noch 1835 besuchte Hempel zweimal England und Schottland, um sich die Patentrechte für vierzehn Jahre zu sichern und zwölf Fabriken zu errichten. Doch dazu kam es nicht mehr; er starb 1836 in London. Ein Jahr später konnten 990 Zentner Stearinkerzen abgesetzt werden. 1840 entdeckte Runge im Torfteer das wachsähnliche Paraffin und ließ daraus die ersten Paraffinkerzen herstellen, die sogar zeitweilig auf der Hoftafel von König Friedrich Wilhelm IV. gebrannt haben sollen. Sie gelangten jedoch nicht in großen Mengen in den Handel und man stellte die Produktion ein. 1844/45 ließ die Königliche Staatsbank (Seehandlung), sie hatte die Fabrik 1841 von den Erben gekauft, neben anderen Neubauten auch ein neues Fabrikgebäude (es ist das besagte Wohngebäude) für die Kerzenproduktion errichten. 1844 stellten 12 Arbeiter und 10 Arbeiterinnen mehr als 1 315 Zentner Stearinkerzen her. Ein Jahr zuvor fanden allein 719 Zentner ihren Absatz in Berlin, davon 200 Zentner für die Laternen der Berliner Postwagen. Man kann unser Baudenkmal also durchaus als Geburtsort der Stearinkerze in Deutschland bezeichnen.

Leben und arbeiten wie im Garten Eden – die ersten Jahrzehnte bis 1938

Am westlichen Stadtrand von Oranienburg, südlich der Germendorfer Allee, erstreckt sich das Siedlungsgelände der 125jährigen „Eden Gemeinnützigen Obstbau-Siedlung eG“. Die Siedlungsgenossenschaft ist vermutlich das letzte noch existierende lebensreformerische Projekt in Deutschland, das auf eine so lange Zeit zurückblicken kann. 2008 leben auf dem 120 Hektar genossenschaftseigenen Grundbesitz ca. 1500 Einwohner auf 390, mit Erbbaurecht bebauten, Grundstücken. 380 der hier lebenden Bewohner sind Mitglieder der Genossenschaft.

Hölzerne Nachbildung der Schutzmarke für Eden-Produkte an der Tür des ehemaligen Erholungsheimes von Julius Tilly, Struveweg 102

Die Ideen der Gründergeneration

„Zurück, o Mensch, zur Mutter Erde!
Umfange sie mit Herz und Hand;
Damit sie deine Heimat werde,
Dein Zufluchtsort, dein Vaterland!“

Mit dieser Strophe beginnt ein Einleitungsgedicht des langjährigen Geschäftsführers Karl Bartes (1879–1962), das auf den ersten Seiten einer Jubiläumsschrift zum 25jährigen Bestehen von Eden zu finden ist. Hier wird poetisch ausgedrückt, was die Begründer antrieb, als sie am 28. Mai 1893 im Vegetarischen Speisehaus „Ceres“ in Berlin um 15.30 Uhr die „Vegetarische Obstbaukolonie Eden e.G.m.b.H.“ ins Leben riefen. Nur wenige Wochen später kauften die Initiatoren ein mit Wiese und Buschwerk bewachsenes Gelände westlich von Oranienburg. Der Lebensreformer und erste Geschäftsführer, Bruno Wilhelmi (1865–1909), formulierte im gleichen Jahr in einer Siedler-Werbung: *„Im Paradies herrscht Friede: Lassen wir zunächst den Tiermord. Das Paradies ist ein Garten: In einen Garten wollen wir unseren Acker verwandeln, in einen Garten, der alle Sinne entzückt. In Eden (der Name Eden kam von der Ehefrau Wilhelmis) herrscht Geselligkeit: Geselligkeit wollen wir auch pflegen, Geselligkeit und geis-*

Bruno Wilhelmi

Terrakotta Relief von W. Groß an der seitlichen Fassade des Genossenschaftshauses

tiges Leben ... Gesundheit, erworben und erhalten durch reine Nahrung, Betätigung im Freien, Pflege des Körpers mit Hilfe von Licht, Luft und Wasser, Sorgenlosigkeit als Folge unserer leicht befriedigten, geringen körperlichen Bedürfnisse." Fünf Grundsätze der Lebensreformidee wollten die Begründer Edens in die Praxis umsetzen: Ernährungsreform, Bodenreform (kein Eigentum an Grund und Boden), Siedlungsbewegung, Genossenschaftsbewegung und alternativer Gartenbau.

Die Verbindung von vegetarischer Lebensweise mit genossenschaftlichem Bodenbesitz in einer Siedlungsgenossenschaft war den Ideen von Lebens-, Boden- und Sozialreformern des 19. Jahrhunderts entlehnt, die die wachsende soziale Not der Unterschichten und die zunehmende Verstädterung des Lebens aufhalten bzw. verändern wollten. Einige von ihnen lebten selbst in Eden und arbeiteten hier an der Verwirklichung ihrer Ideale, jedoch nie im Sinne von unveränderbaren Dogmen. Denn das gehörte ebenfalls zu den ideellen Grundlagen von Eden: Stellten die Genossenschaftler fest, dass sich Satzungen in ihren Wirkungen gegen das Wohl der Genossenschaft stellten oder sich überlebt hatten, dann hob man sie auf. Bereits ab 1894 konnten sich auch Nichtvegetarier mit finanzieller Unterstützung an den „Bestrebungen der Genossenschaft" beteiligen, und 1901 strich man auf Drängen von Hermann Krecke (1852–1904) das Wort „vegetarisch" aus dem Gründungstitel, um auch den nichtvegetarischen Gesinnungsgenossen den gleichberechtigten Beitritt zu ermöglichen. Bis zum Beginn der 1930er Jahre änderte sich der Namen noch mehre Male: „Obstbau-Kolonie Eden" (1901–1920), „Obstbau-Siedelung Eden" (1920–1923), „Gemeinnützige Obstbau-Siedelung Eden" (1924–1931), „Eden Gemeinnützige Obstbau-Siedlung, Oranienburg-Eden" (ab 1931). Die im Jahre 1914 von dem Edener Künstler Ernst Haake geschaffene Schutzmarke für Eden-Produkte stellt drei stilisierte Bäume dar, die für Wirtschafts-, Boden- und Lebensreform stehen. Arbeit – das sollte im Verständnis der Gründungsväter die notwendige Errichtung von Einfamilienhäusern, der Anbau von Obst und Gemüse sowie deren Verwertung sein.

Genossenschaftshaus und Eingang

Schwerer Anfang und Aufbaujahre

Im August des Gründungsjahres trugen sich 26 Siedlungsgenossen als Mitglieder ein. Das Gelände wurde vermessen und in Grundstücke (damals ‚Heimstätten' genannt) von jeweils 2 800 Quadratmeter aufgeteilt. So entstanden am Anfang insgesamt 80 Bau- und Gartengrundstücke. Die ersten Jahre waren schwer und von Rückschlägen gezeichnet. Ein Jahr nach der Gründung hatte man 22 Heimstätten verpachtet. Im Sommer 1894 wurde als erstes Gebäude ein Holzschuppen errichtet. Es folgten bis zur Jahrhundertwende das Genossenschaftshaus (erbaut 1894/97, erweitert 1927) und das 1898 nach einem Entwurf von Gustav Lilienthal gebaute Reformerholungsheim von Julius Tylli.

Nach zahlreichen An- und Umbauten diente das erste Genossenschaftshaus als Verwaltungs-, Wohn-, Versammlungs- und Schulgebäude. Erst 1913 baute die Genossenschaft ein neues Verwaltungsgebäude. Große Schwierigkeiten bereitete in den Anfangsjahren der Kapitalbedarf. Um hier die Situation zu verbessern, gründete man 1895 die „Oranienburger Bau- und Kredit-Gesellschaft m.b.H." (nach dem Ersten Weltkrieg „Edener Siedlungsbank G.m.b.H.") für die Kreditgebung bei der Errichtung von Gebäuden. In den noch heranwachsenden Baumbestand wurden 1895 die ersten vier Ansiedlerhäuser von der Genossenschaft gebaut, denn nur sie konnte beim

Tylli's Erholungsheim und das Genossenschaftshaus (hier Verwaltungshaus genannt)

Besitz an Grund und Boden der Eigentümer sein. Für eine angestrebte Senkung der Kosten im Siedlungsbau übernahm die Genossenschaft 1898 die Herstellung eines patentierten Zement-Hohlsteines von Gustav Lilienthal (1849–1933), dem Bruder des Flugpioniers Otto Lilienthal. Leider wurden bei den erbauten Probehäusern erhebliche Mängel festgestellt, so dass 1900 die Produktion eingestellt und wieder mit den herkömmlichen Ziegeln gebaut wurde. Im Siedlungsbau gab es zwischen den Ansiedlern und der Genossenschaftsführung immer wieder Probleme. Darum führte man 1906 das Erbbaurecht in Eden ein, d.h. der Siedler baute sein Haus auf eigene Kosten bzw. mit Kredit der „Bau- und Kredit-Gesellschaft“ bzw. der „Edener Siedlungsbank“. Bis zum Ende des Ersten Weltkrieges wurden in Eden 106 Siedlungshäuser und 12 Betriebsgebäude (Gesamtwert 1 Million Mark) errichtet. Diese insgesamt positive Entwicklung war nicht zuletzt dem Geschäftsführer Otto Jackisch (1872–1956) zu verdanken, der von 1903 bis 1922 nachhaltige rechtliche und wirtschaftliche Grundlagen für den Erfolg der Genossenschaft anregte und verwirklichte. So konnte das Siedlungsareal dreimal erweitert werden: 1905 um 36 Morgen, 1907 um 24 Morgen und 1919 um 220 Morgen. Mit 450 Mitgliedern erreichte die Genossenschaft 1923 einen Höchststand. In den

Jahren bis 1930 verdoppelte sich die Zahl der Siedlungshäuser auf 206 und bis zum Zweiten Weltkrieg stieg sie noch einmal auf etwa 300 an. Auch die Finanz- und Wirtschaftskraft der Genossenschaft profitierte von dieser Zunahme. Herausragendes Ereignis des Jahres 1930 war die Einweihung des neuen Gemeinschaftshauses unter großer Beteiligung der Öffentlichkeit am 26. Oktober. Der Architekt Paul Poser hatte das Gebäude in seiner Größe und äußeren Gestaltung dem Siedlungscharakter angepasst. Den Haupteingang schmücken links und rechts zwei Reliefs des Edener Bildhauers Wilhelm Groß. Links mit der Unterschrift: „Die genossenschaftliche Siedlung – neue Kraft" und rechts „Die genossenschaftliche Siedlung – unsere Mutter".

Anfänger im Gartenbau

Kann man Gebäude in einer relativ kurzen Zeit errichten, so bedarf der Anbau und Aufwuchs von Obstkulturen, insbesondere von Blumen und Büschen, eines längeren Zeitraums. Hinzu kam, dass die Mehrzahl der Siedler Anfänger im Gartenbau waren. Bei der Wahl der Sorten, der Art der Anpflanzung und der Düngung versuchte der gewählte gärtnerische Ausschuss unter den vorhandenen Lehren die zweckmäßigste in die Praxis umzusetzen. Trotzdem vernichteten Frühjahrsfröste die ersten Blüten oder schüttelten Herbststürme das noch nicht ausgereifte Obst von den Bäumen. Hier mussten viele Erfahrungen gesammelt werden bis die Ernteerträge der jungen Siedlung so groß waren, dass an eine Obstverwertung über den eigenen Bedarf hinaus gedacht werden konnte. Max Ziesche, aus Böhmen eingewandert, wirkte von 1897 bis 1899 im Edener Gartenbau und beschreibt die komplizierten Bedingungen: „Der Edener Boden war kein Boden, wie wir ihn dann aus späteren Zeiten kennen. Sterilster Sand wechselte mit schwarzem Humus, teilweise aber vollständig verwilderten Flächen bei höchstem Grundwasserstand. Durch die am Beginn vollzogene Parzellierung und Bepflanzung war eine gewaltige Handarbeit nötig, da ein Eingreifen mit Gespann oder sogar Dampfkraft nicht mehr möglich war… Welche Freude, wenn etwas Gemüse glatt verkauft

Der Obstverwertungsbetrieb, nach 1933

werden konnte. Die Lieferung in die Berliner Markthallen musste mit den Zweirädern bis zum Bahnhof Oranienburg erfolgen. Unsere Edener Erdbeeren wurden anfangs mittels Trage bis Oranienburg transportiert, um ja die Ware unbeschädigt nach Berlin zu bringen. Trotzdem bekamen wir für unsere Mühe nur einen kärglichen Lohn.“ Am Beginn des neuen Jahrhunderts gab es auf den Ländereien

Der Obstverwertungsbetrieb (links) und das Werkstattgebäude heute

15 000 Obstbäume, 50 000 Beerensträucher, 3 000 Haselnusssträucher, 200 000 Erdbeerpflanzen und 20 000 Rhabarberstauden. Die Obstverwertung begann mit Paul Schirrmeister bereits im Jahr 1898 mit einem einfachen Waschkessel. In den Jahren 1907 und 1908 kamen ein Saftkochkessel und ein großer Marmeladenkochkessel hinzu. Steigende Obsterträge und eine gute Geschäftspolitik sicherten der genossenschaftlichen Arbeit eine erfolgreiche Entwicklung, so dass im Winter 1911/12 die alten baulichen Einrichtungen nicht mehr ausreichten und abgerissen werden mussten. Bereits im Jahre 1912 nahm die Genossenschaft das neue Bauwerk der „Obstverwertung“ in Betrieb, dessen alles überragender gelber Schornstein ein Wahrzeichen der Siedlung wurde.

Natürliche Nahrungsmittel

Kennen wir aus der jüngeren Vergangenheit auch nur die beliebten Edener Obstsäfte, so war das Sortiment natürlicher Nahrungsmittel damals wesentlich größer. Schon vor dem Ersten Weltkrieg kam eine auf Anregung des Edener Arztes Friedrich Landmann (1864–1931) entwickelte „Feinkost-Pflanzenbutter“ (Margarine) auf den Markt. Das „Fleisch-Ersatz-Werk F. Kiel“ in Eden produzierte Bratenmasse und eine Wurst mit fleischähnlichem Geschmack. Diese und andere Produkte wurden ab 1914 von dem Edener Markenzeichen geschützt.

Anzeigen Edener Markenprodukte in den „Edener Mitteilungen“, 1931

Nach dem Ersten Weltkrieg folgten Gemüsesäfte (u. a. aus Tomaten und Möhren) und eine Steinpilzpastete als weitere Erzeugnisse.

Die genossenschaftliche Arbeit gliederte sich in den 1920er Jahren in die Bereiche „Gartenbetrieb“ und „Obstverwertung“. Unabhängig davon wurde 1924 die „Waren-Abteilung“ geschaffen, die den Verkauf der Produkte organisierte. Ihren Vorläufer hatte sie in der 1895 eingerichteten Konsum-Verkaufsstelle. Im Krisenjahr 1930 fanden fast 200 Siedlungsgenossen in den genossenschaftlichen Betrieben Arbeit und Brot. Im gleichen Jahr konnten die Betriebe einen Umsatz von 4 Millionen RM erarbeiten. Neben dem produktiven Bereich standen die finanziellen Aktivitäten der Genossenschaft in Form ihrer Kreditbank. Auch hier gab es eine erfolgreiche Entwicklung. So konnte z. B. die „Edener Siedlungsbank G.m.b.H.“ im besagten Krisenjahr ihren Gewinn sogar verdreifachen. Insgesamt stellte sich die Edener Genossenschaft bis zum Beginn des Zweiten Weltkrieges als ein gesundes wirtschaftliches Unternehmen dar. Sie gliederte sich 1938 unter anderem in die Abteilungen: Siedlungshauptkasse; Schule, Bücherei, Spiel- und Sportplätze, Gasthaus; Wasserleitungen und Wegebau; Allgemeines Siedlungs-, Rechts- und Grundbuchwesen.

Private Gewerbebetriebe

Auch die im Privatbesitz befindlichen Unternehmen machten Eden bekannt. Eine Bäckerei vertrieb Schrot- und Feigenbrot, eine Schuhmacherei fertigte naturgemäße Fußbekleidung, eine Schneiderei schneiderte Reformkleidung und eine Weberei verkaufte so genannte Reformstoffe zum Selbstfertigen von Reformkleidung. Lang ist die Liste der Veröffentlichungen der Edener Druckerei und Buchbinderei, die 1897 ihre Arbeit aufgenommen hatte. Hier erschienen auch seit Februar 1906 die „Edener Mitteilungen". Sie setzten das Mitteilungsblatt „Genossenschaftspionier" der ersten Jahre nach einer Umfrage über ein neues Konzept unter den Mitgliedern fort. Über die neue Zeitschrift schrieb ihr langjähriger Herausgeber Otto Jackisch im ersten Heft: *„Die Mitteilungen sollen eine Art regelmäßigen Bericht über Edener Leben und Ereignisse und somit eine Chronik der Entwicklung bilden … Wir hoffen recht sehr, dass sich ein recht lebhafter Austausch*

Edener Mitteilungen

Das neue Genossenschaftshaus in Eden mit Schule. Blick von Nordosten
Federzeichnung von Fritz Mittelstädt, Eden

1931 Nr. 1-3

„Edener Mitteilungen", 1931

Werbeanzeigen in den „Edener Mitteilungen", 1931

anbahnt und die Kolonie Eden für sich und ihre noch vorgestreckten Ziele rechten Segen von der Neu-Einrichtung haben möge. Denn der Vorwärtsentwicklung soll unsere Arbeit jederzeit gewidmet sein." Die nachfolgende Herausgeberschaft übernahm 1931 Karl Bartes (1879–1962) und ein Jahr später erfolgte die Umbenennung in „Eden – Monatsschrift". Die Machtübernahme der Nazis blieb nicht ohne Konsequenzen auf den Inhalt der Hefte. Weihnachten 1939 kam dann das Aus für die Zeitschrift – für 53 Jahre.

Soziale Stiftungen

Zu den gemeinnützigen Leistungen gehörten die zahlreichen Wohlfahrtseinrichtungen der Genossenschaft, die als Stiftungen von einzelnen Mitgliedern ins Leben gerufen waren. Sie sind Ausdruck der engen Verbundenheit der Genossenschaftler mit der Edener Lebensgemeinschaft. Da gab es unter anderem eine Stiftung für den Bau einer Wasserleitung, eine Kinderheimstiftung, Stiftungen für die Erweiterung von Siedlungsland. 1911 entstand eine Gemeindehaus-Baustiftung, 1914 eine Kriegerhilfs-Stiftung und im selben Jahr eine Versorgungs-Rücklage als Beihilfe für die gesetzliche Alters- und Invalidenversorgung. Für das gesunde Ankommen der jüngsten Edener wurde ebenfalls gesorgt. In den Jahren 1907/08 begründete Friedrich Landmann ein Entbindungsheim, in dem nicht nur Genossenschaftskinder das Licht der Welt erblickten.

Stätte der Bildung

Eden war aber nicht nur eine genossenschaftlich organisierte Lebens- und Arbeitsgemeinschaft, sondern auch ein Zentrum geistig-kulturellen Lebens mit erheblicher Ausstrahlung. Von Beginn an hatten die lebensreformerischen Gründer von Eden den gesamten Menschen im Blickfeld: „Die verwaltende

Gemeinschaftshaus mit Schule (Rückseite), nach 1933

Tätigkeit des Gesamtvorstandes zerfällt in eine rein wirtschaftliche und in eine gesellschaftlich-sittliche" heißt es in der Geschäftsordnung der Genossenschaftsführung. Für Gäste gab es seit 1895 ein Reformerholungsheim, das für mehr als drei Jahrzehnte auch Mittelpunkt des kulturellen Lebens war. Die Erziehung der Kinder und Jugendlichen nach den Idealen ihrer Eltern sah die Genossenschaft als eine wichtige Aufgabe an. Im Jahr 1897 gründeten die Edener darum ihre eigene Schule. Hier konnten die Kinder bis zur vierten Klasse unterrichtet werden.

Ostern 1931 befanden sich 41 Kinder in der Schule. Ab 1938 bekam die Schule den Status einer öffentlichen Grundschule. Neben dem eigentlichen Unterricht legte man besonderen Wert darauf, den Schülern das Edener Heimatgebiet in vielerlei Formen zu erschließen. Für die Vorschulkinder richtete die Genossenschaft ab November 1930 einen Kindergarten ein. Die Jugendarbeit beschränkte sich nicht nur auf die Freizeitgestaltung, sondern erstreckte sich auch auf die Anleitung zur praktischen Arbeit im Bereich des Gartenbaus. Eigens dafür wurden die Lehrstätte „Siedelgart" (1916) für ländlich-genossenschaftliches Siedeln und zeitweilig eine private Gartenbauschule für Mädchen gegründet.

Kultur und Kunst

Beim Durchblättern eines Jahrgangs der „Edener Mitteilungen" eröffnet sich dem Betrachter das rege gesellige, künstlerische und geistig-kulturelle Leben dieser Lebensgemeinschaft.

W. Groß mit der Statuette „Der junge Luther"

Der Grund dafür lag nicht zuletzt in der Mitgliedschaft vieler Künstler in Eden. Dazu gehörten Karl Klindworth (1830–1916. Dirigent, Pianist, Musikpädagoge und Komponist), die Pianistin Elly Ney (1882–1968) und der Bildhauer D. Wilhelm Groß. Der 1883 in Schlawe (Pommern) geborene Holzbildhauer und Maler schuf Werke von bleibendem Wert. Nach längeren Aufenthalten in Berlin, Karlsruhe und Italien wohnte und arbeitete Groß nach dem Ende des Ersten Weltkrieges in Eden. Seine Werkstatt wurde 1921 im Stil einer pommerschen Fischerkate aus dem Holz eines „Äppelkahns" erbaut. Als Mitglied der Bekennenden Kirche versammelte er in der „Strohkirche" nach 1933 oppositionelle Christen zu Gottesdiensten, Andachten und Bibelstunden. Die Nazis diffamierten das Werk von Groß als „entartete Kunst" und schlossen ihn aus der Deutschen Kulturkammer aus, was einem Arbeitsverbot gleich kam. 1974 fand er auf dem Oranienburger Friedhof seine letzte Ruhestätte.

Wiederkehrende Edener Kunstausstellungen machten ein großes Publikum mit Werken der Bildenden Kunst in Eden vertraut. Nach dem Ersten

Kinderfest in Eden, um 1930

Weltkrieg nahm ein Fest- und Vortrags-Ausschuss seine Tätigkeit auf. Das gesellige Leben wurde im Jahreslauf vom Frühlingsfest, Erntefest und Weihnachtsfest bestimmt.

Die künstlerische Ausgestaltung übernahmen die heimischen Gruppen. Von frühester Zeit an gab es in Eden Chöre – Männer- und Frauenchöre, denen eine unterschiedliche Lebensdauer beschieden war. Im Jahr 1931 konnte der „Edener Gemischte Chor“ sein 10jähriges Jubiläum mit einem Festkonzert feiern. Der „Edener Singekreis“ versuchte unter anderem, in offenen Singstunden möglichst viele Gäste zum Mitsingen zu bewegen. Die „Edener Musikvereinigung“ unterhielt ihre Zuhörer mit klassischer Musik. Ende der 1920er Jahre gründete sich in Eden ein Turnverein. Kinder und Jugendliche, Männer und Frauen konnten hier gemeinsam ihre Freizeit verbringen. Im April 1931 organisierten die Turner den ersten öffentlichen Turnertag, der nach dem Vorturnen aller Altersgruppen mit Tanz und einem „Turnfilm“ ausklang. Darüber hinaus gab es die verschiedensten geistig-künstlerischen Interessenkreise, z. B. einen Bibelkreis, einen Mädchenkreis und einen Volkstanzkreis. Die bekannteste und publikumswirksamste Künstlergruppe war zweifellos die „Edener Heimatbühne“. In den „Edener Mitteilungen“ (Heft 4, April 1931) schrieb die verdienstvolle Leiterin, Anna Rubner (1883–1968), zwei Jahre nach der Gründung über Anspruch und Ziel der Spielgemeinschaft: „Heiter, gesund, mitfühlend, mittragend am Weltgeschehen; hungrig nach Wis-

Anna Rubner, 1960

Erntezug in Eden,
um 1925

sen, nach Vollkommenheit; offen für alles Große, voll Ehrfurcht vor allem Erhabenen, in Schönheit und Würde frei.“ Gemeinsam mit der „Edener Musikvereinigung“ gestaltete die „Edener Heimatbühne“ viele erfolgreiche Theater- und Musikabende. Die Liste der gespielten Autoren ist lang: Es standen unter anderem Werke von Johann Wolfgang von Goethe, Arthur Schnitzler und Anton Tschechow auf dem Programm. Im Goethejahr 1932 bildete für die kleine Schauspielgruppe das dramatische Werk des großen Dichters den Mittelpunkt ihrer Aufführungen.

Die aktiven Mitglieder der „Edener Heimatbühne“, um 1930

Im gleichen Jahr, zum 700. Stadtjubiläum, führte die Heimatbühne das historische Festspiel „Bötzow-Oranienburg, 14 Bilder aus 700 Jahren Stadtgeschichte“ von Max Rehberg unter der Gesamtregie von Anna Rubner auf. Bis zum Jahre 1939 inszenierte die Gruppe 158 Stücke in 317 Aufführungen.

Szenenbild: „Die Nordbahn bringt die neue Zeit“

Ort der Begegnungen

Das neue Gemeinschaftshaus mit seinem großen Saal, seiner Bibliothek und dem Lesezimmer war seit seiner Einweihung im Jahre 1930 Ort vieler Veranstaltungen. „Und so wird Eden im Laufe der Zeit gastfreundlich alle jene empfangen und beherbergen zu Tagungen, Beratungen, Kursen und Kongressen, die eine Neuordnung vom Menschen und von der Umwelt aus anstreben und in die Tat umzusetzen sich bemühen“ hieß es anlässlich seiner Eröffnung. Hier trafen sich die verschiedensten Edener Vereine und Ortsgruppen. Unter anderem eine Ortsgruppe des „Fysiokratischen Kampfbundes (FKB)“, der Freiwirtschaftsbewegung des Edeners Silvio Gesell (1862–1930). Der von Alwin Esser 1895 in Breslau gegründete „Verein Freiland e.V.“ nahm 1911 seinen Sitz in Eden. „Zum ewigen Gedächtnis an die Mutter Edens, die Freiland-Bodenreform, muss der gesamte Grund und Boden dauernd und unveräußerlich im Besitz der Genossenschaft bleiben, solange sie besteht, oder bis der gesamte deutsche Boden Eigentum des Volkes geworden ist“ schrieb Karl Bartes 1932 im „Oranienburger Generalanzeiger“. Eden galt als Wiege der deutschen Freilandbewegung.

Silvio Gesell

Der „Vegetarischen Gemeinschaft“ in Eden gelang es, den 8. Internationalen Vegetarier-Kongress 1932 mit großer internationaler Beteiligung nach Eden zu holen. Im Juli 1931 fand hier der 2. Internationale Hilfsdienst in Deutschland statt. Der „Internationale Hilfsdienst“ vereinigte pazifistische Jugendliche zu gemeinsamer Bildung und gemeinnütziger Arbeit. In Eden wurde dabei das Alwin-Esser-Freiland als ein Jugendspielgelände hergerichtet. Auch die Wandervogel-Bewegung fand in Eden mit ihren Fahrten und Wanderungen begeisterte Anhänger. Besondere Verdienste hat sich hier der ehemalige Edener Lehrer Otto Kohnert erworben, der von den

Von Paul Poser entworfenes Siedlungshaus in der Kleiststraße 220, erbaut 1914/15. Wohn- und Wirkungsstätte von Silvio Gesell (lebte mit Unterbrechung von 1911 bis 1930 in Eden)

Wandervögeln nur „Vater Kohnert" genannt wurde. Bei Kremmen im Luch nahm das Edener Wandervogellandheim die jungen Wanderer auf. Im Jahre 1917 lud die „Edener Gilde der älteren Wandervögel" zu einem „Ersten Landsiedlungstag" nach Eden ein. WIssenschaftliche Vorträge unterschiedlichster Thematik wurden gehalten. Max Rehberg, der Oranienburger Heimathistoriker, machte die Edener mit ihrer Heimatgeschichte vertraut. Ein Genossenschaftler, Max Heimbrecht, baute in seinem Haus sogar eine Sternwarte, deren größeres Fernrohr den Interessierten einen Blick in das Weltall gestattete. In den Jahren bis zum Zweiten Weltkrieg veranstalteten Reformhäuser mit ihren Kunden Besichtigungsfahrten nach Eden. Zeitweilig fanden für Besucher im großen Festsaal des Genossenschaftshauses jeden Sonntag Vorträge über Eden statt. 1938 lebten ca. 1300 Menschen, davon 395 Genossenschaftler, in Eden.

Der Zweite Weltkrieg und die folgenden Jahrzehnte brachten einschneidende Veränderungen für das genossenschaftliche Leben in Eden.

Seit 1993 kann man sich in einer Dauerausstellung im ehemaligen Speiseraum des Obstverwertungsbetriebes anschaulich über die vielgestaltige Geschichte Edens informieren. Weitere Informationen gibt es unter www.eden-eg.de.

◁ Internationaler Vegetarier-Kongress in Eden, 1932

Der Bau des Großschifffahrtsweges Berlin–Stettin durch den Lehnitzsee

Der Verkehr auf der Havel und dem Oranienburger Kanal (erbaut 1832–1837) hatte bis zu Beginn des vorigen Jahrhunderts stetig zugenommen. 1910 passierten die Schleusen bei Sachsenhausen u.a. 33511 Kähne und 3803 Dampfer. Die Anzahl der beförderten Tonnagen hatte sich an der Eberswalder Schleuse von 1882 bis 1906 nahezu verdreifacht. Dem weiteren Wachsen des Verkehrs konnte nur durch eine leistungsfähige Wasserstraße für Schiffe von größeren Abmessungen begegnet werden. Bereits um 1900 schrieb der französische Journalist Jules Huret über die Zukunft Berlins und seiner Wasserstraßen: *„... es gibt keine Verbesserung, die nicht angestrebt und durchgeführt würde – und zwar rasch! Binnen einiger Jahre wird ein vom Parlament genehmigter Kanal Berlin mit Stettin verbinden und somit Berlin noch vor Paris Seehafen werden. Was für eine Zukunft ist Berlin vorbehalten! Von zwei Seiten also, durch Stettin und durch Hamburg wird Berlin mit dem Meere verbunden sein."*

Planungen und reale Ängste

Kehren wir zum Lehnitzsee zurück, der – nur über das Lehnitzfließ mit der Havel verbunden – von der bisherigen Entwicklung nicht berührt worden war. Erst 1895 wurde das Lehnitzfließ von der Firma „Gustav Ebell & Co." zu einem schiffbaren Kanal ausgebaut. In der jungen Reichshauptstadt planten die Verkehrspolitiker die Anbindung der expandierenden Berliner Wirtschaft an den Seeschifffahrtsverkehr auf der Ostsee. Ein Großschifffahrtsweg (bis 1945 Hohenzollernkanal genannt, heute Oder-Havel-Wasserstraße) sollte Berlin mit dem Ostseehafen Stettin verbinden. Um die Frachtschifffahrt effektiver zu gestalten, verfolgte man die Ablösung der alten Finower Maßkähne mit 170–250 Tonnen Ladefähigkeit durch neue Lastschiffe, die 600 Tonnen Ladung aufnehmen konnten. Bereits 1898 begannen die

Kanalisiertes Lehnitzfließ mit hölzerner Brücke und Dampferanlegesteg

Vermessungsarbeiten für den Großschifffahrtsweg. Nicht nur die einheimischen Bodeneigentümer, sondern auch extra aus Berlin angereiste Bodenspekulanten hofften auf größere Gewinne aus dem Verkauf des betroffenen Geländes an den Staat. Ein Trick sollte die Bodenpreise in vernünftigen Grenzen halten. Drei mögliche Wege des Verlaufs wurden mit Fähnchen gekennzeichnet, so dass Grundstücke mit Kanalfront direkt von den Besitzern, meistens Bauern, preiswert erworben werden konnten. Für den gesamten Kanalbau mussten 450 Hektar für rund 1,5 Millionen Mark erworben werden.

Mit zunehmender Nähe des Kanalbaus zum Lehnitzsee wurden auch Stimmen laut, die auf mögliche Folgen für den See und seine Umwelt aufmerksam machten. In einem Pressebeitrag vom Sommer 1908 hieß es: „Auf Grund des Baues des Großschifffahrtsweges wird der Wasserspiegel des Lehnitzsees um über einen Meter gesenkt werden. Dadurch wird sich die Größe des Sees wiederum vermindern und sich eine weitgehende Umgestaltung unserer natürlichen Landschaft ergeben. Wenn wir daran denken, dass noch um 1850 die Liebesinsel eine wirkliche Insel war und der so genannte kleine und große Moddersee natürliche Buchten des Lehnitzsees waren, so kann man sich vorstellen, welche Einengung der See erlitten hat und erleiden wird. Es steht auch zu befürchten, dass die weiten

Grünlandflächen, die wir im Territorium der Stadt haben, versteppen werden.“

In den Jahren 1910 bis 1913 erfolgte die Begradigung und Vertiefung der Havel im Stadtbereich. Durch die Vertiefung der Havel für den 600 Tonnen Verkehr wurde zusätzlich eine Tieferlegung des Unterhauptes und der Kammern der Friedenthaler Schleuse notwendig. Auch diese Maßnahmen blieben nicht ohne Folgen für die natürliche Umwelt. Der Grundwasserspiegel sank, so dass der Teich des Schlossparks austrocknete und eine Anzahl von Bäumen einging. Der zunehmende Schiffsverkehr auf der Oranienburger Havel wirkte sich darüber hinaus negativ auf den Fischbestand aus, wie sinkende Erträge der Oranienburger Fischer zeigten.

Großschifffahrtsweg durch den Lehnitzsee

In der zweiten Jahreshälfte 1909 begannen die Baggerarbeiten im Bereich des Lehnitzsees. Dafür standen zwei große Dampfbagger zur Verfügung. Die Abdichtungen des Kanalbettes erfolgten mit Ton, den man mit Schiffen und Eisenbahn zu den Verwendungsstrecken brachte. Der Ton wurde in mehreren Lagen eingewalzt. Nach Versuchen mit Garten- und Straßenwalzen, die zu keinem brauchbaren Ergebnis führten, kamen neun Motorwalzen mit 5 000 Kilogramm Betriebsgewicht zum Einsatz. Zum Schutz der Tondichtung brachte man Abraum aus der Tongewinnung als Überdeckungsboden zusätzlich in das Kanalbett ein. Bis zum Lehnitzfließ baute man die begradigte und verbreiterte Havel mit einer Breite von 32 Metern und einer Tiefe von 3 Me-

Liegende Schiffe an der Schleusenbrücke, nach 1933

Lehnitzer Brücke mit Passagierschiff, nach 1919

tern zum neuen Kanal aus. Sie verlor damit ihren Flusscharakter und es entstanden die idyllischen Wasserarme der Althavel im Lehnitzer Südgelände. Bei der Weiterführung des Kanals bis zur Mündung in den Lehnitzsee verschwand auch das Lehnitzfließ. Die Fahrrinne in Süd-Nord-Richtung durch den ca. zwei Kilometer langen Lehnitzsee wurde auf einer Breite von 50 Metern mit einer Maximaltiefe von ebenfalls 3 Metern ausgebaggert.

Wenden wir uns nun den Bauwerken zu, die im Bereich Havel/Lehnitzsee bis 1912 errichtet werden mussten.

Da sind zuerst vier Brücken zu nennen. Beginnen wir mit der „Havelhausener Brücke", die eine alte wackelige Ziehbrücke ersetzte. Eine Holzbrücke über das Lehnitzfließ verband bis zum Kanalbau Lehnitz mit Oranienburg. Nun übernahm eine als „Lehnitzer Brücke" bezeichnete stählerne Konstruktion diese Aufgabe. Sie überspannte als Verkehrs- und Fußgängerbrücke den Großschifffahrtsweg und stellte mit der Lehnitzstraße die Verbindung nach Oranienburg her. Wenige hundert Meter weiter nördlich führte die Eisenbahnbrücke der Nordbahn nach Oranienburg. Die alte Strecke der Schmachtenhagener Chaussee durchschnitt im Norden das neue Kanalbett, so dass auch hier ein Brückenneubau notwendig wurde. Als „Schleusenbrücke" konnte das neue Bauwerk am 13. Februar 1911 dem Verkehr übergeben werden. Alle Brücken wurden im Zweiten Weltkrieg zerstört.

Die „Lehnitzschleuse“, nach 1919

Schleusenbauten

Der bedeutsamste Neubau war zweifellos die notwendige „Lehnitzschleuse“ (ab 1940 Schleuse Lehnitz I), die das Ende der Havelhaltung von Plötzensee darstellte und an ihrem Ausgang die Scheitelhaltung bis Niederfinow einleitete. Sie erhielt eine nutzbare Länge von 85 Meter. Dies geschah mit Rücksicht auf den starken Ziegeleiverkehr von und nach Zehdenick. Bei einer Breite von 10 Metern konnten gleichzeitig vier Finowmaßkähne die Schleuse passieren. Nach ihrer Fertigstellung besaß sie ein Gefälle von 5,65 Meter. In einem Haus am Unterhaupt erzeugte eine kleine Turbine mit 20 PS den Betriebsstrom, der für das Bewegen der Tore und die Beleuchtung der Schleuse notwendig war.

Bemerkenswert für die Anlage der „Lehnitzschleuse“ ist, dass der Platz für eine zweite Schleuse auf der Ostseite bereits freigehalten wurde und diese aus Wasserersparnisgründen im Verbund mit der ersten Schleuse gefahren werden sollte. Auf diesen Sparbetrieb wurde beim Bau der zweiten Schleuse in den Jahren 1935 bis 1940 dann leider verzichtet. Mit einer nutzbaren Länge von 184 Meter und einer Breite von 12 Meter erhielt sie den Namen „Schleuse Lehnitz II“.

Bau der Schleusenkammer Lehnitz, 1909/10

Der Bau des Großschifffahrtsweges machte den Einsatz einer hohen Anzahl von Arbeitskräften erforderlich. Im Jahre 1911 arbeiteten über 2 700 Arbeiter an dem Kanalbau, darunter über 500 nichtdeutscher

Die Lehnitzschleuse, 2018

Nationalität. Für die Unterkunft hatte die Bauverwaltung an der Lehnitzschleuse feste Baracken errichtet. Große Aufmerksamkeit verwendete man auf die Verpflegung und gesundheitliche Versorgung der Arbeiter. Zur Fürsorge in Krankheitsfällen existierte eine eigene Baukrankenkasse. Alkohol war auf den Baustellen prinzipiell verboten. Dafür versorgte man die Arbeiter jahreszeitlich ausreichend mit Kaffee und Erfrischungsgetränken. Sogar an die Abführung von Spargeldern hatte man gedacht und zur kirchlichen Betreuung hielten katholische und evangelische Geistliche auf den Baustellen Gottesdienste ab.

Auswirkungen auf die Umwelt

Nach dem Ende der Bauarbeiten wurden die vorausgesagten Veränderungen für den Lehnitzsee sichtbar. Sein Flächeninhalt war von 1,04 Quadratkilometer auf ca. 80 Hektar geschrumpft. Der Seespiegel sank um 1,65 Meter, so dass sich auch die

Ufer- und Randzonen veränderten. Verlässt man die Lehnitzer Uferpromenade in Richtung Norden, so erkennt man noch heute die alte, vor dem Kanalbau bestehende Uferböschung. Doch der „Oranienburger Generalanzeiger" vermeldete am 25. Juni 1911 auch eine positive Nachricht: *„Die Baggerarbeiten auf dem Lehnitzsee sind jetzt beendet, und der in der Wasserfahrtstraße für den Großschifffahrtsweg ausgehobene Sand ist durch die Wasserspülung auf die Oranienburger Seite des Sees gebracht worden, wodurch von der Liebesinsel* (sie existiert heute nicht mehr, der Autor) *bis über die Strandhalle hinaus ein Seestrand von seltener Schönheit geschaffen worden ist. Der neue Strand besteht aus weißem, reingewaschenen Sand und hat eine Breite von über vierzig Metern ... Vielleicht findet sich ein Unternehmer, der Strandkörbe am See aufstellen würde. Wenn nun im nächsten Jahr eine direkte Badeanstalt gebaut wird, geplant ist sie in der Nähe der Liebesinsel, dann wäre den Oranienburgern etwas geboten, was ohne den Bau des Großschifffahrtsweges undenkbar gewesen wäre."*

Eine besondere Polizeiverordnung schützte den Kanal und den Lehnitzsee vor baulichen Verunstaltungen. Sie verbot das „Anbringen von Reklametafeln, Plakaten und Aufschriften, die geeignet [waren], das landschaftliche Bild zu verunzieren."

Am 18. April 1912 passierten der Regierungsdampfer „Lehnitz" und der Kahn des Malzer Schiffers Friedrich Geiseler als erste die Lehnitzschleuse. Die gesamte Strecke des neuen Großschifffahrtsweges konnte am 17. Juni 1914 offiziell in Betrieb genommen werden. Sie ist von der Plötzenseer Schleuse bis Hohensaaten rund 100 Kilometer lang. Der Lehnitzsee war damit nicht nur Bestandteil einer wichtigen Verkehrsader, sondern rückte nun auch stärker in das Blickfeld des sich entwickelnden Naherholungsverkehrs der Berliner auf der Havel.

Motorsegler auf dem Lehnitzsee

Das von Max Rehberg um 1940 gemachte Foto dieses dänischen Motorseglers auf dem Großschifffahrtsweg gehörte zu den Beständen des nach 1935 von dem Heimatforscher gegründeten ersten märkischen Binnenschifffahrtsmuseum. Schon seit Jahren hatte sich Rehberg mit dem Sammeln von Schiffsmodellen, fotografischer Dokumentation von Frachtkähnen und zahlreichen Fachpublikationen der Binnenschifffahrt auf den märkischen Wasserstraßen zugewandt. Der Anlass für dieses Foto lag im hybriden Antrieb des Schiffes, der sich am kombinierten Einsatz als Seeschiff und Binnenschiff orientierte. Diese so genannten Motorsegler besaßen als Antrieb auf See eine traditionelle Segelanlage und für das Fahren auf Binnenwasserstraßen einen 75 bis 150 PS starken Dieselmotor. Die neuentwickelte „Pregel" war 1936 auf der innovativen Wiemann-Werft in Brandenburg a. d. Havel als segelndes Motorschiff in einer Serie von Küstenmotorschiffen für den Verkehr zwischen den Ostseehäfen entstanden. In Königsberg (heute Kaliningrad) betrieb die Reederei Ivers & Arlt die „Märkisch-Ostpreußische Eilschifffahrt", die es als Segelschiff registriert hatte. Das Baujahr ist vermutlich kein Zufall, denn um für den angestrebten gemeinsamen See- und Binnenschifffahrtsverkehr einen effizienten Schiffstyp zu erhalten, hatte die „Schiffbautechnische Gesellschaft" 1935 einen Wettbewerb ausgeschrieben. Der neue Typ erreichte im beladenen Zustand eine Geschwindigkeit von fast 15 km/h. Die Besatzung bestand aus drei bis fünf Mann. Für den Frachtverkehr vom Rhein nach dem Elbe-Oder-Stettin-Gebiet zählten Fachleute um 1935 etwa 100 Motorsegler. Von den 70 Schiffen mit deutschen Eignern kamen rund 60 aus Haren (Ems). In der Schleuse Lehnitz fielen Rehberg besonders die Motorsegler des „Schiffer-Transport-Vereins Haren" auf. Relativ leicht erkannte man sie vor Ort am umgelegten Mast. Die Schiffe erreichten nicht die Länge eines Finowmaßkahns (40 Meter, 170 bis 270 Tonnen) und konnten 150 bis 250 Tonnen Ladung mit einem Tiefgang von 2,20 Meter aufnehmen. Auf dem Großschifffahrtsweg war dieser Tiefgang jedoch nicht möglich. Der Mast diente auch als Lademast mit einer durchschnittlichen

Ein dänischer Motorsegler vor der Schleusendurchfahrt, 1940

Belastbarkeit von 20–30 Zentnern. Auf See trug er das viereckige Gaffelsegel, das als Hauptsegel von einem dreieckigen Focksegel ergänzt werden konnte. Das Laden und Löschen vollzog sich über eine Dieselmotorwinde. Die Motorsegler vermittelten in der Hauptsache den Frachtverkehr von den Rheinhäfen nach den Häfen der Elbe und den märkischen Wasserstraßen, besonders nach Berlin. Darüber hinaus nahmen Schiffe mit stärkeren Dieselmotoren ihren Weg auf dem Rhein über das Rhein-Maas-Delta oder den Dortmund-Ems-Kanal durch die Nordsee außerhalb der friesischen Inselkette entweder durch Hamburg und von dort elbaufwärts oder aber durch den Nord-Ostsee-Kanal nach Stettin und über die Oder-Havel-Wasserstraße nach Berlin. Von hier erreichte man auch die Industriezentren der Berlin-Brandenburg-Region. Eine Fahrt von Düsseldorf in die Reichshauptstadt dauerte über See ohne Umladen sechs Tage. 1935 betrug die Ausfuhr aus dem Rheingebiet und den nordwestdeutschen Wasserstraßen über Stettin nach Berlin 71 000 Tonnen, der Versand nach Westen dagegen 25 400 Tonnen. Sehr bedeutsam war der kombinierte Schifffahrtsdienst für die Verbindung Berlins und der übrigen märkischen Schifffahrtsplätze mit der preußischen Exklave Ostpreußen. Der zeitraubende Weg durch den polnischen Korridor (Westpreußen war 1920 zu Polen gekommen) konnte über die Ostsee umgangen werden. In drei Tagen legte ein Motorsegler die Strecke Berlin–Stettin–Königsberg zurück, während die Motorschiffe bzw. Güterdampfer auf den Binnenwasserwegen acht Tage benötigten.

Erholung und Gaststätten am Lehnitzsee – eine historische Reminiszenz

Die heutige Gaststätten-Landschaft am Lehnitzsee zeigt sich mit zwei Unternehmen bescheiden. Ein Blick in die Zeit vor mehr als hundert Jahren zeigt uns eine gänzlich andere Situation und Entwicklung. Bis in die Siebziger Jahre des 19. Jahrhunderts lag der Lehnitzsee mit seiner dörflichen Ansiedlung in ruhiger Abgeschiedenheit. Erst die stürmische Entwicklung der neuen Reichshauptstadt Berlin in der Gründerzeit und in den nachfolgenden Jahrzehnten ließ den ehemaligen Gutsbezirk Lehnitz zu einem attraktiven Erholungs- und Wohnort werden. Diese erfolgreiche Entwicklung hatte nicht zuletzt in einer Berliner Eigenart ihre Ursache, die 1889 schon Reichskanzler Fürst Otto von Bismarck in einer Reichstagsrede aufgezeigt hatte: *„Was ist denn das, was euch in Berlin so anzieht? Das einzige, was mir die Leute mit einem gewissen Erröten als durchschlagenden Grund sagten: Ja so einen Ort, wo im Freien Musik ist und man im Freien sitzen und Bier trinken kann, ja, den hat man in Varzin doch nicht!“ (Varzin, damaliger Gutsort im heutigen polnischen Hinterpommern, gehörte zum Grundbesitz des Reichskanzlers.)*

Annonce im Adressbuch für Oranienburg 1908/09

Die Fertigstellung der Nordbahn im Jahre 1877 machte die idyllische Seen- und Waldlandschaft im Norden der wachsenden Hauptstadt schnell erreichbar. Als 1891 der Vorortverkehr mit kürzerer Zugfolge eröffnet wurde, setzte eine Entwicklung ein, die bis in unsere Zeit den Charakter des Siedlungsgürtels rund um den Lehnitzsee bestimmt. Nicht nur zahlreiche – auch heute noch sehenswerte – Villen entstanden, sondern Lehnitz wurde infolge seiner herrlichen Lage an Wald und Wasser das Ziel vieler Erholung suchender Berliner. Ärzte empfahlen erholungsbedürftigen (und finanzkräftigen) Familien Lehnitz als Sommeraufenthalt. Einige der ortsansässigen Hauseigentümer vermieteten Sommerwohnungen; Gaststätten ohne Pension waren undenkbar. Die wachsende Beliebtheit des Lehnitzsees und seiner Gaststätten als Ausflugsziel widerspiegelte sich auch in den Wochenendzahlen der abgenommenen Fahrkarten an den Bahnhöfen Lehnitz und Oranienburg. Für Lehnitz zählte man z. B. in den Jahren 1936 bis 1938 zusammen über 604 000 Stück und gemeinsam mit Oranienburg konnte die Statistik sogar über 1,7 Millionen Fahrkarten nachweisen.

Vom Gutshaus zum Restaurant

Bleiben wir zunächst in Lehnitz. In den 1885 erschienenen „Märkischen Streifzügen" beschreibt der Verfasser August Trinius den Anfang dieser

Restaurant „Lehnitzsee" von Friedrich Lehmann, 1901

Entwicklung: „Jahrzehnte lang war Lehnitz noch vergessener als ehedem, bis eines Tages die Berliner Prozessionsraupe hier erschien, um sich nun allsommerlich einzupuppen und bei Kiefernduft, Kuhmilch und erfrischender Seeluft ein gar vergnügliches und beschauliches Leben zu fristen … Auch in Lehnitz regt es sich jetzt des Sommers, und unheimlich schlagen dort die Leute von den Ufern der Spree und Panke dem ahnungslosen Wanderer an's Ohr. Als wir zum Mittag dort im Gasthause eintrafen und unter den prächtigen Bäumen vor der Tür des Hauses uns niederließen, saß bereits oben auf der Plattform der steinernen Freitreppe eine recht animierte, bunt zusammen gewürfelte Gesellschaft

echt Berliner Typen, welcher sich noch ein Förster aus der Nähe zugesellt hatte…“

Günstige Lage: An der Oranienburger Chaussee und in Bahnhofsnähe: das Restaurant „Lehnitzsee“

Die Eigentümer des Gutsbezirks, die Brüder Karl und Gustav Grütter, müssen das ehemalige Gutshaus am Gutsplatz bereits Ende der 1870er Jahre verkauft haben, denn schon 1880 empfiehlt der neue Hausbesitzer, R. Niegisch, sein Restaurant „Lehnitzsee“ (auch „Lehnitz-See“ geschrieben) in einer Werbeanzeige: *„Durch eine vorzügliche und preiswerte, unter Leitung eines Koches stehende Küche, durch Verabreichung guter Getränke, sowie durch aufmerksame Bedienung werde ich auch ferner bestrebt bleiben, mit die Gunst der geschätzten Berliner zu sichern.“*

Bahnhofsnähe, eine Dampferstation am nahe gelegenen Lehnitzfließ sicherten der Gaststätte ausreichend Gäste. Ab 1900 übernahm die Familie Friedrich Lehmann für mehr als sieben Jahrzehnte als Eigentümer die Gaststätte und baute sie weiter aus. Fremdenzimmer (Übernachtung ab 3,50 Mark), eine Kegelbahn, ein Saal und eine für die damalige Zeit neue Radfahrerstation zogen weitere Gäste an. 200 Gäste fanden in den Räumen Platz. Heute können die hungrigen Gäste in dem noch immer bestehenden Restaurant eine kulinarische Reise nach Griechenland unternehmen.

Restaurant Lehnitz-See
Dampferstation! 1 Minute vom Bahnhof!
Inhaber Friedrich Lehmann.
Zimmer mit Pension von 3,50 Mk. an.
Gut gepflegte Biere. Vorzügl. bürgerliche Küche.
Wald — Wasser — schattiger Garten
Kegelbahn — Saal für Vereine.
Radfahrerstation.

Annonce im Adressbuch für Oranienburg 1908/09

„Seebad Lehnitz“

Den damals schon für Wassersport begeisterten Berliner zog es in den Badeweg. Hier lagen in den 1880er Jahren die Anfänge des organisierten Badens im Lehnitzsee. Begonnen hatte alles mit einer roh gezimmerten, mit Rohr verkleideten Bretterbude, ausgestattet mit einer einfachen Bank von Karl

„Seebad Lehnitz“ mit dem Damenbad, um 1920

Müller (sen.). Männer und Frauen hatten getrennte Badezeiten, für deren Einhaltung ein maritim gekleideter Lehnitzer (genannt Admiral), bewaffnet mit einem Fernglas, sorgte. Am Pfingstsonntag 1893 wurde das „Seebad Lehnitz“ von Karl Müller (sen.) eröffnet. Eine vorliegende Bauzeichnung aus dieser Zeit vermittelt uns eine Vorstellung von der Größe und Schönheit der hölzernen Badeanstalt. Vor dem Eingangsgebäude mit der Kasse und den Gasträumen, befand sich ein als Park gestalteter Platz. Dieser musste später der Gaststätte mit Pension weichen. Über den reichlich mit hölzernen Jugendstil-Ornamenten ausgestalteten Eingangsbereich erreichten die Besucher die nach Geschlecht abgeteilten Badebereiche.

Die Ausbaggerungsarbeiten für den Oder-Havel-Kanal senkten den Wasserspiegel des Lehnitzsees, sodass bis 1912 teilweise breite Uferstreifen entstanden. Die bereits existierenden Badestellen am Lehnitzsee konnten zusätzlich mit dem anfallenden feinen, weißen Sand verschönert werden. Für frierende kleine Badenixen gab es bei Karl Müller (sen.) einen besonderen Service. Seine Mutter eilte in solchen Fällen sofort ins Haus, um mit einem Schwapp heißen Wassers aus dem Teekessel, die kühlen Fluten anzuwärmen. 1921 musste der in die Jahre gekommene Sprungturm abgerissen werden. Die prüden Zeiten waren endgültig vorbei und so

Die Badeanstalt „Seebad Lehnitz“, Mitte der 1930er Jahre

konnte die ganze Familie nun gemeinsam, ohne Geschlechtertrennung, in den Lehnitzsee. Die einzige Badeanstalt am Lehnitzsee mit dazugehöriger großer Gaststätte an der damaligen Kaiser-Wilhelm-Straße (heute Friedrich-Wolf-Straße) erfuhr mehrere Umbauten in den Jahren 1924, 1932 und 1935. Darüber hinaus kam es im Jahre 1933 zu einem Tausch zwischen der Gemeinde Lehnitz und Karl Müller (jun.). Gegen ein Grundstück in der Kaiser-Wilhelm-Straße erhielt er zwei Parzellen am Wasser, auf deren Besitz er großen Wert gelegt hatte. Die Badeanstalt erfuhr dadurch eine erhebliche Vergrößerung. Karl Müller (jun.) musste sich zusätzlich verpflichten, die baulichen Veränderungen bis zum Olympiajahr 1936 vorzunehmen und für die Lehnitzer einen Vorzugspreis zu machen. Die Badebereiche wurden zur Seeseite hin geöffnet, Anlegestege und Bootshäuser für die Wassersportler angelegt. Große Terrassenfenster gestatteten aus den so genannten Erfrischungshallen die Sicht auf den See. Leider fiel dieser Anziehungspunkt für die Wasserfreunde und -sportler am 9. Juni 1947 einem Brand zum Opfer. Die Gaststätte (im Volksmund Bade-Müller) existierte noch bis in die 1950er Jahre hinein.

Terrassen-Restaurant „Zum Seelöwen“

Lenkte der Wochenendausflügler seine Schritte auf der Kaiser-Wilhelm-Straße weiter nach Norden, so erreichte er über eine gepflegte Uferpromenade

Hotel und Restaurant „Zum Seelöwen“, um 1900

nach ca. 15 Minuten das Restaurant „Zum Seelöwen“. Eine Postkarte (sie bestätigt einem Berliner Damenturnverein die geplante Übernachtung) aus dem Jahre 1897 gibt uns eine Vorstellung über das damals bereits großzügig angelegte Restaurant. Gustav Grütter hatte das Gebäude 1892 erbauen lassen.

Bis 1910 leitete Gustav Jacoby als Pächter das Haus. Von ihm übernahm Karl Scheidt das Restaurant, der als langjähriger Oberkellner und Geschäftsführer großer Restaurants in Berlin auch die notwendige kaufmannische Erfahrung mitbrachte. Eine erfolgreiche Geschäftsführung ermöglichte die Übernahme als Eigentümer. Durch Ausbau und umfangreiche Erweiterungen entwickelte sich der „Seelöwe“ in den 1930er Jahren zu einem der größten

Großzügige Anlage des Terrassen-Restaurants „Seelöwe“, nach 1933 (links)

HO-Gaststätte „Seeblick“, 1971

Ausflugs- und Hotelrestaurants im Norden Berlins. Drei lange, mit Blumen geschmückte Terrassen und überdachte Hallen boten mehr als 1000 Gästen einen herrlichen Blick auf den Lehnitzsee. Ruderboote für eine Bootspartie auf dem Lehnitzsee standen zur Ausleihe bereit. Auf zwei Kegelbahnen konnte man sich sportlich betätigen. Im großen Biergarten fanden 4000 Gäste Platz. Hinzu kamen zwei große Säle für Gesellschaften. In kurzen Abständen legten die Passagierschiffe von fünf Reedereien an den Dampfer-Anlegestellen an und brachten die Berliner an die „Perle des Nordens“ – einen Beinamen, den Lehnitz in den 1930er Jahren nicht zuletzt durch die Gastlichkeit und Größe dieses Hauses bekommen hatte.

Der Zweite Weltkrieg leitete das Ende dieses großen Unternehmens ein. Noch in den letzten Kriegstagen bombardiert, zerstörte ein Schadensfeuer im März 1946 die gerade errichtete Notgaststätte. Anfand der 1950er Jahre schloss sie dann endgültig ihre Pforten. Zugewachsene, zerfallene Terrassen, eine in das Nichts führende Treppe und Betonformsteine lassen heute nur noch mit viel Fantasie das vergangene Treiben erahnen. Am ersten Osterfeiertag 1948 eröffnete Karl Scheidt nur wenige Meter vom beschädigten „Seelöwen“ entfernt das Restaurant „Seeblick“. Zwar wesentlich bescheidener in der Größe bot auch diese Ausflugsgaststätte ihren Gästen auf drei Terrassen einen erholsamen Blick auf den Lehnitzsee. Schiffsanlegestellen gab es nun nicht mehr, denn die Berliner Passagierdampfer konnten den in der DDR liegenden Lehnitzsee nicht mehr erreichen. Doch die Ostberliner kamen mit der S-Bahn in großen Scharen an das schön gelegene

Ausflugsziel am Lehnitzsee, das nach 45 Jahren schließen musste. Seit der Jahrtausendwende stehen auf dem ehemaligen Gelände vier Vorstadtvillen.

Restaurant „Strandhalle"

Auch am Oranienburger Ufer des Lehnitzsees luden Gaststätten zum Verweilen ein. Da ist zuerst das großzügige, aus zwei Gebäuden bestehende, Restaurant „Strandhalle" von Hermann Dubberke

Restaurant „Strandhalle", 1907

(1906) zu nennen. Zu dem in den 1890er Jahren eröffneten Restaurant und Hotel gehörte ein unmittelbar am Strand liegender Pavillon, der dem Gebäudeensemble seinen Namen gegeben hatte.

Ein Bootshafen und ein großer Anlegesteg machten das Ausflugsziel vom Wasser her erreichbar. Mit einem großen Festsaal, einem Restaurant und Sommerwohnungen sowie Tennisplätzen, zwei Kegelbahnen und Ausleihmöglichkeiten für Ruderkähne bot das Unternehmen vielgestaltige Angebote für seine Gäste. Nicht wenige Veranstaltungen am Lehnitzsee wurden von den Ausflugsgaststätten organisiert. Dabei bezog man die ansässigen Wassersportvereine oftmals mit ein. So z. B. im Juli 1927 als der Strandhallenwirt sein Sommerfest mit einem Feuerwerk unter dem Motto „Lehnitzsee in Flammen“ ausklingen ließ. Ergänzend zum Lichterfest am Himmel spiegelten sich unzählige bunte Lampions von Booten auf der dunklen Wasseroberfläche des Lehnitzsees wider. Das imposante Schauspiel fand am 26. Juni 1932 seine Wiederholung. Anlässlich des 700. Stadtjubiläums veranstalteten die Wassersportvereine nach Einbruch der Dunkelheit mit annähernd hundert lampiongeschmückten Booten eine Rundfahrt auf dem Lehnitzsee. Der Bootshafen war auch Start und Ziel für die jährlich auf dem Lehnitzsee stattfindenden Segelregatten seit Beginn des 20. Jahrhunderts. Noch im Sommer 1939 gingen 45 Boote aller Klassen aus Lehnitz, Oranienburg und Tegel in fünf Runden an den Start. Die Aktiven und Zuschauer ahnten nicht, dass diese Regatta die letzte Veranstaltung auf dem Lehnitzsee in dieser Größenordnung sein sollte. Nach 1945 setzte die Gaststätte noch bis in die 1970er Jahre hinein ihren Betrieb fort. Jedoch bewirkten ausbleibende Gäste, schlechte Bewirtschaftung und vernachlässigte Instandhaltung einen schleichenden Niedergang bis zur endgültigen Schließung. Noch jahrelang erinnerten die immer mehr zu Ruinen werdenden Gebäude bis zu ihrem endgültigen Abriss an die Existenz dieser attraktiven Erholungs- und Ausflugsstätte.

Oranienburger General-Anzeiger

Bezirksbeilage zum Niederbarnimer Kreisblatt für Oranienburg und Umgegend

„Freude — Friede“ in Oranienburg:

Strandfest und Segelregatta auf dem Lehnitzsee

Titelblatt „Oranienburger General-Anzeiger“, August 1936

„Waldhaus am Lehnitzsee“

Im Oranienburger Norden des Lehnitzsees, unmittelbar vor dem Ausgang in den Oder-Havel-Kanal, bewirtet seit wenigen Jahren die traditionsreiche Gaststätte „Waldhaus am Lehnitzsee“ wieder Gäste. Das Haus und die gastronomische Einrichtung haben eine wechselvolle Geschichte hinter sich. Im Jahre 1910 kaufte der Berliner Arzt Paul Zacke das Grundstück mit dem ehemaligen Chausseehaus (Zollhaus), zwischen Lehnitzsee und Königsallee (heute Bernauer Straße) gelegen, vom damaligen Landkreis Niederbarnim. Er richtete hier eine Gaststätte ein, deren Pächter sie bis 1945 zu einem beliebten Ausflugsziel machten. Neben den Gasträumen existierte schon damals ein großer Biergarten mit Terrassen bis in die unmittelbare Nähe zum Lehnitzsee. Ein Anlegesteg für die Personenschiffe ermöglichte auch hier den Zustrom von Gästen aus

Restaurant „Waldhaus am Lehnitzsee“, um 1935

Berlin über die Wasserstraßen. Nach 1945 brachten Verfall und Fremdnutzungen dem Gaststättenbetrieb ein jahrzehntelanges Aus. Mit viel Ausdauer und Engagement hat der Nachkomme des Gründers, Wolf-Dieter Zacke, das heruntergekommene Gebäude im vergangenen Jahrzehnt wieder Instand gesetzt, ausgebaut und modernisiert. Mit einem gepflegten rustikalen Gastraum für 60 Personen, einem idyllischen Biergarten und sieben Doppelzimmern setzte das „Waldhaus am Lehnitzsee“ als letztes Ausflugslokal die Tradition von Pensions- und Gastwirtschaften am Lehnitzsee fort. Seit 2018 ist es nun auch geschlossen.

Unsere Darstellung für die Oranienburger Seite bliebe unvollständig, wenn nicht auch das direkt am Wasser des Lehnitzsees befindliche „Bootshaus & Eiscafé“ der Familie Dietrich Erwähnung finden würde. 2006 konnte es bereits auf sein 50. Firmenjubiläum zurückblicken. Damit war es nach der Schließung der „Strandhalle“ für lange Zeit der alleinige Anziehungspunkt für Wassersportler und Ausflügler. Neben den Wassersportlern, die hier ihren Bootsstand haben, können sich Wasserfreunde auch einen Ruderkahn ausleihen.

Bootshaus & Eiscafé der Familie Dietrich, um 1970

Treffpunkte für den Wassersportler

Kehren wir noch einmal nach Lehnitz an den Oder-Havel-Kanal zurück. Hier entstanden für aktive Wassersportler und Naturfreunde in den 1930er Jahren zwei Anlaufpunkte mit unterschiedlichem Charakter und Werdegang. Obwohl sie sich in erster Linie als Dienstleister für den Wassersport verstanden, besaßen auch sie gastronomische Angebote. Am 1. Mai 1930 fand die Einweihung des Wassersportheimes „Alte Havel“ am Lehnitzer Bachstelzenweg mit einem großen Fest statt. Der Bau musste wegen des hohen Grundwasserstandes auf hundert Rammpfählen gegründet werden. Das 7 000 Quadratmeter große Vereinsgelände des „Wassersport-Clubs Alte Havel“ mit 120 Meter langer Wasserfront an einem alten Havelarm besaß 200 Bootsstände im Untergeschoss des dreistöckigen Hauses. Die oberen Stockwerke beherbergten Übernachtungsmöglichkeiten, eine Tanzdiele und Gesellschaftsräume. In Höhe des zweiten Stockwerkes verlief eine Galerie rund um das Gebäude. Das eindrucksvolle Bauwerk wurde im Zweiten Weltkrieg vernichtet.

Unmittelbar am Oder-Havel-Kanal gelegen, betrieb im damaligen Meisensteg (heute Hilde-Coppi-Weg) seit Mitte der 1930er Jahre Erich Gaap einen Bootsstandverleih mit einem Zeltplatz. Im Zweiten Weltkrieg erlangte das Unternehmen eine besondere Bedeutung für mutige Widerstandskämpfer gegen das nationalsozialistische Regime. Ein Widerstandskreis um Hans und Hilde Coppi hatte seit Ende der dreißiger Jahre seinen Sommeraufenthalt in Lehnitz genommen. Es waren junge Leute, die mit ihren Faltbooten auf den Gewässern im Norden Berlins wanderten. Hier bei Erich Gaap besaßen sie ihre Bootsstände und Zeltunterkünfte. An den Wochenenden kamen immer viele junge Leute zur Erholung in der freien Natur zusammen. Die Widerständler der Gruppe Coppi nutzten die große Boots- und Zeltgemeinschaft für die Tarnung ihrer regelmäßigen Zusammenkünfte zur Vorbereitung der Widerstandstätigkeit. Im großen Bootsschuppen bewahrten sie u. a. konspirative Materialien in den persönlichen Schränken auf. Es gehört zu den Taten stillen Heldentums jener Zeit, dass mit Hilfe der Familie Gaaps, besonders des Sohnes Horst, gefährliches Material nach der Verhaftung der Widerstandsgruppe aus den Schränken entfernt werden konnte. Nach dem Krieg entstand in dem vorhandenen Gebäude eine kleine, sehr gemütliche Gaststätte – das „Bootshaus“. Wassersportler, Ausflügler und Lehnitzer kehrten hier gerne ein. Leider schloss die Gaststätte 1990.

„Schweizer Haus – Mausebude“

Abschließend soll noch an ein Gasthaus erinnert werden, dass zwar nicht unmittelbar am Wasser gelegen, jedoch bis 1991 auf Grund seines baulichen Charakters und seiner Innenausstattung weit über

Das „Schweizer Haus“ in den 1950er Jahren (links) und heute

die Lehnitzer Ortsgrenzen hinaus bekannt war. Die Rede ist von dem unmittelbar am Bahnhof gelegenen „Schweizer Haus“ – im Volksmund jedoch nur „Mausebude“ genannt. Auf einer Postkarte mit dem schönen Titel „Gruß aus Oranienburgs Bierquelle aus dem Jahr 1903 wird sie neben den anderen Lehnitzer Restaurants als Stehbierhalle mit der Nr. 44 aufgeführt (siehe unser Bild auf Seite 108). Von einer Stehbierhalle zu Beginn des Jahrhunderts verwandelte sich die „Mausebude“ in eine gemütliche Gaststätte mit rustikalem Mobiliar, bleigefassten, bunten Butzenscheiben und gutbürgerlicher Küche. Ihr Standort am Schienenübergang, der zugleich die Lehnitzer Ortsteile Süd und Nord voneinander trennte, machte sie zu einem idealen Aufenthaltsort bei geschlossenem Übergang. Ein Schadensfeuer setzte ihrer Existenz in der Nacht vom 30. November zum 1. Dezember 1991 ein vorläufiges Ende.

In Anlehnung an die alte Architektur baute der neue Besitzer, Horst Niebel, ein neues Gebäude und nannte die Gaststätte nach altem Vorbild „Schweizer Haus“.

Kampf um das Freibaden am Lehnitzsee

Das Foto entführt uns in die Zeit vor mehr als achtzig Jahren, in der sich Oranienburger und angereiste Berliner im Sommer in Scharen in den beiden Freibädern am Lehnitzsee tummelten. Nicht ohne Neid

Am Badestrand, 1929

blickten dabei die Oranienburger Stadtväter auf das geschäftliche Treiben mit hölzerner Badeanstalt und Ausflugslokal von Carl Müller am östlichen Ufer des Lehnitzsees. Die Oranienburger Badefreunde nutzten derweil den nach der Fertigstellung des Großschifffahrtsweges entstandenen weißen Strand zwischen der damaligen Alsenstraße (später Victoriastraße, nach 1945 Mainzer Straße) und der damaligen Wilhelmstraße (nach 1945 Rüdesheimer Straße) als Freibad. Immer wieder gab es Verbote von Seiten der Stadt hinsichtlich des Freibadens außerhalb der Badeanstalt in Lehnitz. Förster und Gendarmerie wurden aufgeboten, um das Verbot durchzusetzen. Man schüttete sogar Eisenschlacke ins Wasser und nahm Verletzungen in Kauf. Es half aber wenig, wie die Zeitungen in den Sommermonaten berichteten. Aber auch in Lehnitz gab es genug Wasserliebhaber, die das kostenlose Freibaden vorzogen. Dort war in der Nähe des Restaurants *Zum Seelöwen* nach 1918 ebenfalls ein Freibad entstanden. Das Verhalten einiger in der Öffentlichkeit gab Anlass zu Berichten in den regionalen Zeitungen. „*Junge Burschen, die nur in Badehosen bekleidet sind, sich in dieser Aufmachung zum Bahnhof begeben, um die holde Weiblichkeit abzuholen.*“, schrieb der *Briesetal-Bote* im August 1923. Eine Veranstaltung, die die Gemeindevertreter aufschreckte, fand im Mai 1930 statt. Mehr als 3 000 Mitglieder der Nacktkulturabteilung des Turnvereins Fichte stürzten sich am Ufer des *Seelöwen* in die Fluten. Um das Freibaden hier in Zukunft zu verhindern, beschloss die Gemeindevertretung wenige Tage später, vor der Gaststätte eine 320 Meter lange Uferpromenade anzulegen, was in den Folgejahren auch geschah.

Gehen wir zurück nach Oranienburg, wo es 1928 und 1929 zu harten politischen Auseinandersetzungen um die Einrichtung einer kommerziellen Badeanstalt auf dem Gelände des Freibades kam. Die *Bürgerliche Vereinigung Oranienburg-Neustadt* setzte sich nachdrücklich für den Bau und die Vermietung einer Badeanstalt ein. Mit Schreiben an den Bürgermeister, die Stadtverordneten und Erklärungen in der Öffentlichkeit versuchte sie, ihrem Wunsch Nachdruck zu verleihen. Notfalls wollte man sich sogar an die Kreisverwaltung oder die Verwaltung des Regierungsbezirks Potsdam wenden. Die Mitglieder versprachen sich mehr bürgerliche Besucher, eine Umsatzerhöhung der umliegenden Restaurants und Geschäfte sowie die Beruhigung des Areals. Als die Stadtverordneten sich im Februar 1929 erstmalig mit dem Projekt beschäftigten und konkrete Planungen diskutierten (Größe ca. 15 000 Quadratmeter, Kosten ca. 28 000 Reichsmark), brach in den folgenden Wochen ein Sturm der Entrüstung gegen die Pläne los. Klassenkämpferisch wandte sich der *Deutsche Fabrikarbeiter-Verband* am 8. April 1929 an die städtischen Verantwortlichen: „*Das Recht der Werktätigen, sich von den tagtäglichen Strapazen um den Broterwerb am Wasser und in frischer Luft erholen zu können, soll hier beschnitten werden. Während andere Stellen versuchen für die Bewohner Freibäder zu schaffen, geht man in Oranienburg dazu über, diesen Genuss der eine Notwendigkeit für die Arbeiterbevölkerung ist, zu Gunsten einer kleinen*

Schicht zu entziehen. Die Mitglieder des Deutschen Fabrikarbeiter-Verbandes am Orte sehen in dem Beschluss eine kulturreaktionäre Handlung schlimmster Sorte und protestieren auf das Entschiedenste dagegen." Der *Deutsche Verkehrsbund, Ortsverwaltung Oranienburg* sprach in einem Schreiben direkt die Abgeordneten an: „*Genannter Verein warnt die bürgerlichen Stadtverordneten diesen Beschluss zur Durchführung zu bringen. Sollte unsere Warnung keinen Erfolg haben, so sehen wir uns genötigt, bei der Kommunalwahl im Dezember 1929 alle Mittel in Anwendung zu bringen, um Vertreter, welche auch noch Luft und Sonne an Erholungsstätten nur gegen Bezahlung abgeben, das Handwerk zu legen, und dafür Sorge zu tragen, das Männer als Stadtverordnete gewählt werden, welche auch der arbeitenden Bevölkerung Interesse entgegen bringen.*" Das Ergebnis der Auseinandersetzungen kennen wir – auf den Bau einer kommerziellen Badeanstalt wurde verzichtet. Das Freibad aber erfuhr in den folgenden Jahren zahlreiche Verbesserungen und erhielt 1934 sogar eine Wasserrutsche.

Die Fahrgastschifffahrt auf Havel und Lehnitzsee bis 1945

Mit der am 1. Juli 2006 stattgefundenen Einweihung des neuen Bollwerks an der Havel in unmittelbarer Nähe zum Schlossplatz hat Oranienburg die Voraussetzung für eine Wiederbelebung dieses traditionsreichen Ortes für die Fahrgastschifffahrt in der Stadt geschaffen. Ältere Oranienburger werden sich an die Anlegestelle „Havelschlösschen“ (davor „Louisenbad“) am Luisenplatz bestimmt noch erinnern. Diese und weitere Anlegemöglichkeiten banden das Stadtzentrum unmittelbar in die Personenschifffahrt auf Havel und Lehnitzsee als Ziel- und Abfahrtort ein.

Bereits bei Beginn des Zweiten Weltkrieges konnte die Oranienburger Fahrgastschifffahrt auf eine über 40jährige Geschichte zurückblicken. So brachte dann auch der 1891 aufgenommene Vorortverkehr – ab 1. Oktober 1898 mit ermäßigtem Vororttarif – die Berliner Sommerfrischler schnell in die neuen Ausflugslokale rund um den Lehnitzsee. Eine Zeitungsnotiz vom 21. Juni 1892 informierte darüber wie folgt: *„Von den Vergnügungs-Gaststätten in der Umgebung nimmt das neu errichtete Restaurant ‚Zum Seelöwen‘ am Lehnitzsee den ersten Rang ein. Am letzten Sonntag war dieses Lokal von Tausenden von Besuchern aus unserer Stadt, der Umgebung und Berlin besucht. Namentlich übte der Aussichtsturm eine große Anziehungskraft auf alle aus. Leider aber müssen sich die Wassersport liebenden Besucher damit begnügen, dass sie den See nur von der Terrasse und vom Ufer aus besehen dürfen. Hoffentlich tritt hier bald mal eine Änderung ein.“*

Nach der Schiffbarmachung des Lehnitzfliesses zwischen Havel und Lehnitzsee im Jahre 1895 konnten dann auch größere Personenschiffe aus Oranienburg, Potsdam und Berlin den Lehnitzsee erreichen. Im Sommer 1898 stellte das Oranienburger Elektrizitäts- und Wasserwerk die elektrischen (!) Motorboote „Lehnitz“, „Oranienburg“ und später „Elektron“, jeweils 35 Personen fassend, für den Verkehr zum und über den Lehnitzsee in Betrieb. Die Reederei von

Fritz Kälber fuhr mit diesen Schiffen unter anderem sonntags alle 25 Minuten von der Anlegestelle am Schlossplatz zum Lehnitzsee bis zum Stintgraben. Im gleichen Jahr kam es zu einem „Piratenstreich", der die Boote „Lehnitz" und „Oranienburg" für kurze Zeit an ihren Ankerstellen auf Grund brachte. Ursache waren Bohrlöcher in den Schiffskörpern gewesen. Die Zeitungen vermuteten einen Konkurrenzstreich, denn der Wettbewerb um zahlende Passagiere zwischen den Unternehmen war groß, wie auch eine Eingabe im Mai 1906 von Fritz Kälber an den Oranienburger Bürgermeister deutlich werden lässt. Darin reagierte der Reeder auf eine Beschwerde, nach der es zu wenige Gelegenheiten gebe, vom Restaurant „Strandhalle" zur Lehnitzer Badeanstalt von Karl Müller zu gelangen. Kälber führte umständlich aus: *„Ich erkläre dazu, dass ich ausgesprochenen Wünschen gern folgend, stets erbötig bin, den Motorbootverkehr zu erweitern ... Der Besitzer der Badeanstalt, Herr Müller, hat es jedoch bis heute bestimmt verweigert, bei dieser eine Landungsbrücke herstellen zu lassen, um den Fährbetrieb über den See in eigenen Händen zu halten."* In den ersten Jahren dienten viele Fahrgastschiffe außerhalb der Saison als Frachtschiffe. Nicht alle eingesetzten Dampfer eigneten sich daher für die Personenschifffahrt. Dazu gehörte auch der umgebaute Dampfer „Seelöwe" der Reederei Kälber, der vorher auf der Kieler Förde Dienst getan hatte. Er be-

Personenschifffahrt vor dem Restaurant „Havelschlösschen". Oben links im Bild die Fenster mit den Markierungen und dem Kommentar: „Übernachtet haben wir hier", 1928

Postkarte von 1897

Personenschiffahrt
Oranienburg—Lehnitzsee.

Die unterbrochenen Fahrten werden nach Eintreffen unseres 126 Personen fassenden Dampfers voll aufgenommen.

Sonntags alle 25 Minuten ein elektrisches Boot von Oranienburg (Luisenplatz).

Dampferrundfahrten

auf dem Lehnitzsee bis zum Stintgraben. (Ganze Tour ab Lehnitz 20 Pf.)

Wochentags regelmäßige Fahrten ab Oranienburg, pünktlich zu den auf dem neuen in hiesigen Geschäften ausgelegten Fahrplan.

Werbung der Oranienburger Elektrizitäts- und Wasserwerke vom Juli 1898

lästigte die Fahrgäste bei seinen Fahrten zum gleichnamigen Restaurant durch Ruß und Funkenflug. Nach seinem Verkauf im Jahre 1900 wurde er durch den auf der Ankerwerft in Rummelsburg gebauten Dampfer „Lehnitz“ ersetzt. Dieser fuhr von Oranienburg aus nach Tegel und Potsdam.

1904 nahm die Reederei Kälber für Fahrten von Oranienburg in die Ruppiner Schweiz und an Sonntagen zum Werbellinsee zusätzlich das hölzerne Motorschiff „Iduna“ in Betrieb. Es war im gleichen Jahr von der Schiffswerft Lürssen in Vegesack für die Reederei gebaut worden. Die Reedereien W. Zehmke und W. Schwarz richteten um die Jahrhundertwende ebenfalls einen Fahrgastverkehr zwischen Oranienburg und dem Lehnitzsee ein. Die im Jahre 1885 von dem Berliner Friedrich Nobeling gegründete Reederei fuhr mit ihren in Holland gebauten Dampfern „Möwe“ und „Zehdenick“ zunächst unter anderem zwischen Berlin und Oranienburg. Die Zunahme des innerstädtischen Schifffahrtsverkehrs bedingte neue wasserbautechnische Maßnahmen. Mit der Fertigstellung des Großschifffahrtsweges Berlin–Stettin bis zur Lehnitzschleuse im Jahre 1912 war nun auch die verstärkte Einbeziehung des Lehnitzsees in den bereits umfangreichen Berliner Fahrgastschiffsverkehr möglich geworden. Der französische Journalist Jules Huret hat die Berliner um die Jahrhundertwende beobachtet und die Sonntage des Bürgers und Arbeiters beschrieben. „Die einen schlagen die Richtung nach dem offenen Walde, die anderen nach einem nahen Restaurant ein. Denn, sofern der Deutsche unter freiem Himmel ist, grünes Laub über sich sieht, zu essen und zu trinken hat, fehlt ihm nichts, um glücklich zu sein … Für dreißig Pfennige bringt einen die Bahn in einer halben Stunde auf's Land hinaus, zum selben Preis macht man mit dem Dampfer die Runde um einen großen See. Dank dieser Vorteile verbringt der Berliner Arbeiter und Angestellte seine Sonntage auf dem Lande. Die so genannten feinen Leute fahren an diesem Tage nicht hinaus, die Straße, der Wald, die Seen gehören der Menge.“

Schon damals gehörten eine ausgebuchte Fahrgastschifffahrt und volle Ausflugslokale zusammen. Der Lehnitzsee mit seinen am Wasser liegenden Restaurants und Bademöglichkeiten bot dafür die

Fahrgastschiff passiert die Lehnitzschleuse, nach 1918

besten Voraussetzungen. Karl Müller lud bereits 1893 mit seiner Badeanstalt und der dazugehörigen Gaststätte „Seebad Lehnitz" seine Gäste zum Baden ein. Ein Jahr zuvor hatte das großzügig angelegte Restaurant und Hotel „Zum Seelöwen" seine Pforten geöffnet. Besonderer Anziehungspunkt war hier ein Aussichtsturm, der einen weiten Blick über die Wälder und den Lehnitzsee erlaubte. Beide Restaurants erfuhren in den 1930er Jahren beträchtliche Erweiterungen. Auf Oranienburger Seite bot die Gaststätte „Strandhalle" ebenfalls vielen Gästen Platz. Nach einigen hundert Metern Fußweg in Richtung Norden erreichte man das Lokal „Waldhaus am Lehnitzsee". Alle genannten Gaststätten besaßen Anlegestege, an denen große Personendampfer festmachen konnten. Die Baggerarbeiten für den Großschifffahrtsweg schufen von der „Strandhalle" bis zur so genannten Liebesinsel einen neuen Strand, bestehend aus weißen, rein gewaschenen Sand. Das anfängliche „Freibaden" versuchte die Polizei immer wieder unterbinden, jedoch mit wenig Erfolg, wie die lokale Presse berichtete. Bis zum Sommer 1912 errichtete der „Oranienburger Verschönerungsverein" zwischen der Liebesinsel und dem Forsthaus eine Strandpromenade. Mit Kaffee-, Bier-, Eis- und Würfelbuden gestaltete sich die Einweihung zu einem Volksfest. Spaziergänger und Badende konnten am 23. Juli 1912 einen spektakulären Vorfall verfolgen. Dem Dampfer „Lehnitz" der Ree-

Andrang an den Dampferanlegestegen, 1917

derei Kälber versagte in voller Fahrt die Steuerung, so dass er geräuschvoll im Schilfgürtel der Liebesinsel zum Stehen kam. Erst nach drei Stunden gelang es den herbei geeilten Helfern, das Schiff zu seinem Liegeplatz an der Oranienburger Schlossbrücke zu schleppen.

Nach dem Ersten Weltkrieg entwickelte sich der Ausflugs- und Fahrgastschiffsverkehr stetig weiter. Immer mehr Reedereien nahmen mit einer Vielzahl von Personendampfern Kurs auf den Lehnitzsee. Die Reederei Ernst Maaß lief vom innerstädtischen Anlegeplatz mit den Schiffen „Sommernachtstraum I und II“ (jeweils 150 und 125 Personen) sowie der „Klein-Margot“ (75 Personen) aus. Darüber hinaus betrieb die Reederei mit „Margot II“ (46 Personen) eine Motorbootfähre über den Lehnitzsee. Jeweils wahlweise konnte man mit der Reederei von den Anlegestellen Schlossplatz bzw. Strandhalle über die Anlegestelle Bahnhof Lehnitz zum Werbellinsee und nach Neuruppin fahren. Allein fünf Reedereien mit ihren umfangreichen Dampferflotten liefen ab Mai z.T. täglich das Terrassen-Restaurant „Zum Seelöwen“ an. In den 1930er Jahren konnten fünf Schiffe hier gleichzeitig anlegen. Der Lehnitzer Walter Brüssow schrieb darüber in seinen Erinnerungen: *„Am Lehnitzsee baute Karl Scheidt sein Lokal aus. Es entstanden herrliche, mit*

Werbung aus der Festschrift „700 Jahre Oranienburg“, 1932

Blumen geschmückte Terrassen, Musik war jeden Sonntag, auch wurden noch zusätzliche Dampferanlegestellen gebaut. Die Dampfer, die von Berlin kamen, hatten alle Musik, es war manchmal schon ein bisschen zuviel. Kaum war ein Dampfer vorbei, dann kam schon der nächste und alle fuhren sie zu Karl Scheidt. Eine am Wasser wohnende Frau nahm beim Herannahen der Dampfer immer die brennende Petroleumlampe und winkte damit. Die Kapelle spielte dann immer zum allgemeinen Gelächter auf dem Dampfer ‚Schwiegermutter leuchte mal'."
Die Reederei Paul Tempelhof fuhr täglich mit ihren Schiffen „Tempelhof (225 Personen), Feenlob (337 Personen), Feenlob II" (300 Personen) von der Charlottenburger Brücke, Plötzensee und Spandau zum Lehnitzsee. Aus Berlin kamen ebenfalls die Schiffe der Reedereien von Paul David und „Müller & Söhne". Um die Oranienburger zu einer Fahrt auf dem Wasser nach den langen Wintermonaten zu animieren, ließen sich die Reedereien immer etwas einfallen. So unterhielt die Reederei Haupt am 9. Mai 1926 auf der Eröffnungsfahrt von der Anlegestelle Havelschlösschen nach Tegelort auf ihrem Dampfer „Karl Wilhelm" die Passagiere mit einer zünftigen Musikkapelle. Zusteigemöglichkeit gab es am Großschifffahrtsweg an der „Lehnitzer Brücke".

Berliner Dampferflotte an den Anlegestegen vom Terrassen-Restaurant „Seelöwe", nach 1933 (oben)

Ausflugsdampfer vor dem Terrassen-Restaurant „Seelöwe“, nach 1933

Die bekannteste Berliner Reederei – die „Stern- und Kreisschifffahrt“ – brachte mit ihren Schiffen werktags vom 27. Juni bis 6. August von Tegel, Spandau, Tegelort die Erholungsuchenden zum Lehnitzsee. Das letzte wassersportliche Großereignis auf dem Lehnitzsee fand nur wenige Wochen vor dem Beginn des Zweiten Weltkrieges am 29. Juni 1939 statt. Die „Segler-Vereinigung Lehnitzsee“ und der Tegeler Segelclub „Freia“ führten ihre traditionelle Regatta mit 45 gestarteten Booten aller Klassen durch. Dafür musste der gesamte Schiffsverkehr für drei Stunden gesperrt werden. Mitte Oktober 1939 war es dann der kriegswirtschaftliche Bedarf an Brennstoffen, der den privaten Personenverkehr weitestgehend zum Erliegen brachte. Bis zum Kriegsende änderte sich daran nur wenig. Danach

Gestrandeter „Moby Dick“ auf dem Lehnitzsee, 1993

hinderten die Teilung Berlins und der Mauerbau ein Wiederaufleben des Personenschiffsverkehrs im Norden Berlins über die Stadtgrenzen hinaus.

Anfang März 1990 legte das Fahrgastschiff „Astor“ der Reederei Bethke in Tegel von der Greenwichpromenade mit Kurs Lehnitzsee ab. Die Reederei hatte damit die unterbrochene Fahrgastschifffahrt Berlin–Lehnitzsee wieder aufgenommen. Vom Vorkriegsumfang ist der Fahrgastschiffsverkehr auf der Oranienburger Havel und dem Lehnitzsee jedoch gegenwärtig aber noch weit entfernt.

Ausgewählte Literatur und Archivquellen

Ballhorn, Friedrich: Geschichte der Stadt Oranienburg bis zur Einführung der Städteordnung im Jahre 1808 ... – Berlin, Selbstverl., 1850. – Nachdruck 2008

Trinius, August: Märkische Streifzüge. – 2. Bd. Östlich von Berlin. – 2. Aufl. – Minden, Bruns' Verl., 1894

Behne, Adolf: Oranienburg als Beispiel für Stadtbetrachtungen. – München, Callwey, 1917

Boeck, Wilhelm: Oranienburg. Geschichte eines preußischen Königsschlosses. – Berlin, Dt. Verein für Kunstwissenschaft, 1938

Rehberg, Max: Oranienburg. Ein Führer durch die Stadt und ihre schöne Umgebung/Hrsg. im Auftrage d. Heimatkundlichen Vereinigung Oranienburg und Umgebung. – Oranienburg, Verl. d. Heimatkundlichen Vereinigung, 1928

Rehberg, Max: Vom Glin zum Barnim. Heimatkundliche Wanderungen durch Oranienburg und seine Umgebung. – Oranienburg: Oranienburger General-Anzeiger, 1923

Rehberg, Max: Zur Geschichte der Dampfschifffahrt auf den märkischen und angrenzenden Wasserstraßen. Fotomechan. Nachdruck – Oranienburg, Kreismuseum, 1993

Rehberg, Max: Die Entwicklung der Binnenschifffahrt zwischen Elbe und Weichsel. – Veränd. Nachdr. – Oranienburg : Kreismuseum, 1992

Rehberg, Max: Die Abschlussfeier des Lehrerseminars Oranienburg am 29. und 30. September 1925. Festbericht und Festreden/Zsgest. Im Auftrag d. Festausschusses. – Oranienburg, 1925

Rehberg, Max: Friedlieb Ferdinand Runge. Entdecker der Teerfarben. – Oranienburg, Kreismuseum, 1993. – Nachdruck von 1935

700 Jahre Oranienburg (1232–1932), Festschrift zur 700-Jahrfeier der Stadt Oranienburg/Hrsg. vom Fest-Ausschuss ... Bearb. von H. Schwanebeck. – Oranienburg; Berlin, Möller, 1932

Fontane, Theodor: Wanderungen durch die Mark Brandenburg. – Dritter Teil, Havelland. – Berlin, Aufbau-Verl., 1977

Uhlemann, Hans-Joachim: Berlin und die Märkischen Wasserstraßen. – Berlin, Verl. für Verkehrswesen, 1987;
2. Aufl. 1994

100 Jahre Eden, Eine Idee wird zur lebendigen Philosophie/Text: Judith Baumgartner. – Oranienburg; Berlin, EDEN-Genossenschaft, 1993

Biereigel, Hans: Ick bin Jette Bath. Geschichten und Anekdoten um die Omnibus-Jette. – Erfurt, Sutton, 2005

800 Oranienburg : Festschrift/Hrsg. Stadt Oranienburg. – Dresden : Sandstein Verl., 2015

Bothzowia – Oranienburg, Heimatbuch für die Stadt und Umgebung/Hrsg. im Auftr. d. Stadt Oranienburg von Bodo Becker, Christian Becker u. Manuela Vehma. – Bd. 1–4. – Oranienburg, 2008; 2009; 2010; 2017

Archivalische Quellen aus dem Brandenburgischen Landeshauptarchiv in Potsdam, dem Kreisarchiv Oberhavel in Oranienburg, dem Kreismuseum Oberhavel in Oranienburg, dem Stadtarchiv Oranienburg und dem Archiv der Eden Gemeinnützige Obstbau-Siedlung eG